上古神怪物语

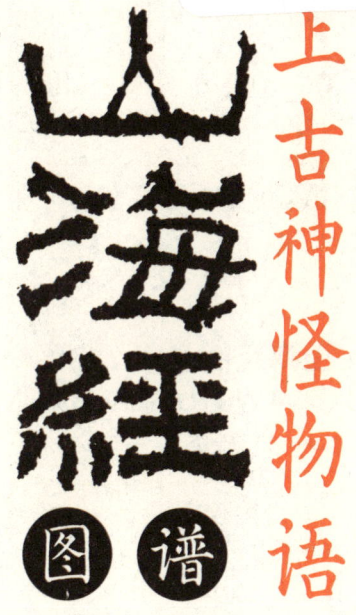

山海经图谱

[清]吴任臣·编　郑榕玲·编译

重庆出版集团　重庆出版社

图书在版编目（CIP）数据

上古神怪物语：山海经图谱 /（清）吴任臣编；郑榕玲编译. -- 重庆：重庆出版社，2019.12
ISBN 978-7-229-14473-9

Ⅰ. ①上… Ⅱ. ①吴… ②郑… Ⅲ. ①历史地理－中国－古代 ②《山海经》－图谱 Ⅳ. ① K928.626-64

中国版本图书馆 CIP 数据核字 (2019) 第 214505 号

上古神怪物语：山海经图谱
SHANGGU SHENGUAI WUYU SHANHAIJING TUPU

[清] 吴任臣　编　郑榕玲　编译

责任编辑　李　雯
责任校对　刘小燕

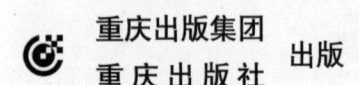

重庆出版集团
重庆出版社　出版

重庆市南岸区南滨路 162 号 1 幢　邮政编码：400061　http://www.cqph.com
重庆市鹏程印务有限公司印刷
重庆出版集团图书发行有限公司发行
E-MAIL:fxchu@cqph.com　邮购电话：023-61520646

全国新华书店经销

开本：880mm×1230mm　1/32　印张：9.5　字数：190 千
2020 年 2 月第 1 版　2020 年 2 月第 1 版第 1 次印刷
ISBN 978-7-229-14473-9

定价：69.80 元

如有印装质量问题，请向本集团图书发行有限公司调换：023-61520678

版权所有　侵权必究

目录
CONTENTS

2 鼓 人面龙身,居钟山。

4 英招 马身人面,虎纹鸟翼,司槐江山。

6 陆吾 虎身九首,人面虎爪,司昆仑之丘山。

8 帝江 状如黄囊,赤如丹火,六足四翼,混沌无面目,居天山。

10 神槐 人面兽身,一足一手,居刚山。

12 泰逢 状如人面虎尾,和山之神也;好居萯山之阳,出入有光。

14 骄虫 状如人面二首,平逢山之神。

16 羲围 人面羊角虎爪,处骄山,恒游于睢漳之渊。

18 计蒙 人身龙首,居光山,恒游于漳渊,出入必有风雨。

20 形天 无首,操干戚而舞,以乳为目,以脐为口。

22 蓐收 左耳有青蛇,乘两龙,面目有毛,虎爪执钺,西方金神也。

24 烛阴 人面蛇身,赤色,身长千里,钟山之神也。

26 相柳 九人首、百蛇身。

28 奢比　兽身、人面、大耳，珥两青蛇。

30 天吴　虎身人面，八首八足八尾，朝阳谷之神，一云十尾。

32 雨师妾　黑身人面，两手各操一蛇，左耳有青蛇，右耳有赤蛇。

34 贰负之臣　反缚两手与发，桎其右足，在疏属之山。

36 雷神　龙身而人头，鼓其腹。在吴西。

38 九凤　九首人面鸟身，居北极天柜之山。

40 强良　虎首人身，四蹄长肘，衔蛇操蛇，与九凤同山。

42 羽民国　为人长头，身生羽毛，在结胸国东南。

44 讙头国　人面有翼，鸟喙，方捕鱼，在毕方东。

46 厌火国　兽身黑色，生火出其口中，在讙头东。

48 贯胸国　为人胸有窍，在载国东。

50 交胫国　为人交胫，在穿胸东。

52 三首国　一身三首，在凿齿东。

长臂国　其人手垂下地，在焦侥东。

三身国　一首而三身，在海外西南。

奇肱国　其人一臂三目，有阴有阳，能作飞车从风远行。在一臂国北。

长股国　一云长腿，腿过三丈，在雄常树之北。

无肠国　为人无肥肠，在长股东。

一目国　一目中其面而居，在烛龙之东。

柔利国　为人一手一足，反膝，曲足居上。在一目国东。

聂耳国　为人耳长，行则以手摄持之，在无肠国东。

毛民国　为人身生毛，在海外东北。

枭阳国　人面长唇，黑身有毛，见人笑亦笑，笑则唇掩其目。

氐人国　人面鱼身，无足，在建木西。

小人国　人长九寸，在大荒东。

一臂民　一手一足一目一鼻孔，在大荒之西。

54
56
58
60
62
64
66
68
70
72
74
76
78

三面人　人头、三边各有面，无左臂，居大荒山。

钉灵国　其人膝以下有毛，马蹄善走，在康居北。

狌狌　状如禺而白耳，伏行人走，出招摇山。

鹿蜀　状如马而白首，其文如虎而赤，佩其皮宜子孙，出枢阳山。

类兽　状如狸而有髦，自为牝牡，出亶爰山。

猼訑　状如羊，九尾四耳，其目在背，皆出基山。

九尾狐　狐身九尾，能食人，出青丘山。

长右　状如禺而四耳，见则大水，出长右山。

猾裹　状如人而彘鬣，音如斫木，见则其县有大繇，出尧光山。

彘　状如虎而牛尾，音如吠犬，是食人，出浮玉山。

犰狳　状如羊而无口，出洵山。

蛊雕　状如雕而有角，是食人，出鹿吴山。

㺀羊　状如羊而马尾，出钱来山。

- 4 -

葱聋　状如羊而赤鬣，出符禺山。

其状如豚白毛，大如笄而黑端，出竹山。

豪彘　其状如鹿而白尾，马足人手四角，出皋涂山。

玃如　似羊而犬细，角有圆，猿麂交夜则悬角木上以防，患翠山多此兽。

麢羊　状如禺，文臂，善投，出崇吾山。

举父　状如羊，四角，是食人，出昆仑之丘。

土蝼　状如赤豹，五尾一角，其音如击石，出章莪山。

狰　状如狸而白首，出阴山。

天狗　状如牛，白身四角，其毫如被蓑，是食人，出三危山。

獓㺄　状如狸，一目三尾，出翼望山。

讙　鼠身鳖（音 biē）首，音如吠犬。出刚山。

蛮蛮　状如马面，白身黑尾，一角，虎牙爪，音如鼓音，是食虎豹，出中曲山。

驳　鸟名鵌，鼠名鼵，共处一穴，在今渭原县。

鸟鼠同穴

132 胐疏　状如马，一角有错，可以辟火，出带山。

134 诸犍　状如豹而长尾，人首牛耳一目，行则衔其尾，居则蟠其尾，出单张山。

136 山獋　状如犬而人面，善投，见人则笑，其行如风，见则大风，出狱法山。

138 诸怀　牛形四角，人目彘耳，是食人，出北岳山。

140 㝏马　牛尾而白身，一角，出旄水中山。

142 狍鸮　羊身人面，目在腋下，虎齿人爪，是食人，出钩吾山。

144 䮝　状如麢羊，四角，马尾而有距，出马成山。

146 天马　状如白犬，面黑头有肉，翅能飞，出马成山。

148 飞鼠　状如兔而鼠首，以其背飞，出天池。

150 辣辣　状如羊，一角一目，目在耳后，出泰戏山。

152 獂　牛形三足，出干山。

154 罴　状如麋，其川在尾上，出伦山。

156 从从　状如犬而六足，出枸状山。

朱獳　状如狐而鱼翼，见则其国有恐。出耿山。　158

猲狙　状如狐而有翼，见则天下大旱，出姑逢山。　160

蠪蛭　状如狐而九尾、九首、虎爪，出凫丽山。　162

峳峳　状如马而羊目、四角，见则其国多狡客。出硜山。　164

蛊　状如牛而白首，一目蛇尾，见则大疫。出太山。　166

马腹　人面虎身，音如婴儿，是食人。出伊水。　168

獌　状如貛，大而有鳞，其毛如彘鬣，出潢潢之水。　170

并封　状如彘，前后皆有首，黑色。出巫国之东。　172

乘黄　状如狐，背上有角，乘之寿二千岁。出白民国。　174

驺虞　状如虎而五彩毕具，尾长于身，名曰驺虞，乘之日行千里。出林氏国。　176

夔　状如牛，苍身而无角，一足，出入必风雨，出流波山。　178

旄马　状如马，足有四节垂毛。出南海外。　180

趹踢　兽形，左右有首，出流沙河。　182

双双　三青兽，合体为一，亦出流沙之东。

鸺鹠　状如鸡而三首六目，六足三翼，出基山。

鴸　状如鸱而人面人手，见则其县多放士。出柜山。

瞿如　状如䳇而白首，三足，出祈过山。

颙　状如枭，人面四目有耳，见则天下大旱。出令丘山。

𩿨𩿨　状如枭，人面一足，冬见夏蛰，见则有讹火。出翠山。

鸓　状如鹊，赤黑两首四足，出则可以御火。出崇吾山。

凫徯　状如雄鸡而人面，见则有兵。出鹿台山。

蛮蛮鸟　状如凫，而一翼一目，相得乃飞，见则大水。出崇吾山。

毕方　状如鹤，一足，赤文青质白喙，见则有讹火。出章莪。

鸱　一首三身，其状如鹨，出三危山。

鹄鵌　状如乌，三首六尾，善笑，出翼望山。

人面鸮　其状如鸮，人面蜼身犬尾，见则大旱。出崦嵫。

210 寓鸟 状如鼠而鸟翼,其音如羊,可以御兵。出虢山。

212 㵄斯 状如雎雉而人面,见人则跃。出灌题山。

214 鹭䳋 状如鸟,人面,宵飞而昼伏。出北嚣山。

216 嚣鸟 状如夸父,四翼、一目、犬尾。出梁渠山。

218 鹒 状如鹊,白身赤尾,六足。出太行山。

220 酸与 状如蛇而四翼、六目、三足,见则其邑有恐。出景山。

222 䖪鼠 状如鸡而鼠毛,见则大旱。出枸状山。

224 䭴鸟 状如枭而三目,有耳。出首山之机谷。

226 跂踵 状如鸮,一足、彘尾,见则火疫。出复州山。

228 鹦鸟 状如蛇而鸟首,魕(音huì)尾,出怪水。

230 旋龟 状如龟而鸟首,居蛇尾,有翼,其羽在鲑(音xié)下。出柢山。

232 鲢鱼 状如牛陵、青鸟、身黄、赤足、六首,出互人国。

234 赤鱬 状如鱼而人面,出英水。

肥䰾　蛇形、六足、四翼，见则大旱。出太华山。

鲜鱼　其状如鳖，其音如羊，出禺水。

文鳐鱼　状如鲤鱼，鸟翼、苍文、白首、赤喙，常从西海飞游东海，出观水。

䲃鱼（西山经）　如蛇，四足，出桃水。

冉遗鱼　鱼身、蛇首、六足，目如马耳，出浣水。

嬴鱼　鱼身鸟翼，见则大水。出蒙水。

䰷䰷鱼　状如覆铫，鸟首而鱼翼鱼尾，音如磬石之声，是生珠玉。出滥水。

鯈鱼　状如鸡，赤毛、三尾、六足、四目，音如鹊，食之已忧，出彭水。

何罗鱼　一首十身，食之已痈，出谯水。

䱱䱱鱼　状如鹊而十翼，鳞皆在羽端，御火治疗，出嚻水。

长蛇　长百寻，其如彘豪，音如鼓柝，出大咸山。

鱲鱼　状如鲤而鸡足。出怀泽之水。

鮨鱼　鱼身犬首，音如婴儿，食之已狂。出诸怀水。

236
238
240
242
244
246
248
250
252
254
256
258
260

肥遗　一首两身，见则大旱。出浑夕。

262

状如鯆鱼，四足，音如婴儿，食之疗痴。出决决之水。

人鱼　264

状如黄蛇，鱼翼，见则大旱。出末涂之水。

儵蠪　266

其状如肺，六足四目有珠。出澧水。

珠蟞鱼　268

状如肺，一目，见则大旱。出深泽。

鲐鲐鱼　270

状如鳢鱼，一目，见则大旱。出膏水。

薄鱼　272

鳎鱼（东山经）　274

状如鱼而鸟翼，见则大水。出子桐水。

鸣蛇　276

如蛇而四翼，其音如磬，见则大旱。出鲜山。

化蛇　278

人面豺身，鸟翼蛇行，见则大水。出阳水。

飞鱼　280

状如豚而赤文，服之不畏雷，可御兵，出正回水。

三足龟　282

出狂水，食之可消肿。

巴蛇　284

长千寻，食象，三岁而出其骨。出巴山。

陵鱼　286

人面，手足，鱼身，在海中。

应龙　288

龙身有翼，处南极。

鼓

人面龙身，居钟山。

出自《山海经·西山经》《山海经·海外北经》。

鼓（音 gǔ），通"鼓"，是钟山山神烛阴（烛龙）的儿子。烛阴的身子有一千里长，它不喝水，不吃食物，睁开眼睛便是白昼，闭上眼睛便是黑夜，一吸气便是寒冬，一呼气便是炎夏。

鼓的形貌是人的脸面、龙的身子。它曾和钦䲹（音 pī）联手在昆仑山南面杀死葆江，天帝因此将鼓与钦䲹诛杀在钟山东面一个叫崤崖的地方。

鼓被杀后，化为鵕（音 jùn）鸟，形状像一般的鹞鹰，但长着红色的脚和直直的嘴，身上是黄色的斑纹而头却是白色的，发出的声音与鸿鹄的鸣叫很相似。鵕鸟在哪个地方出现，哪里就会有旱灾。

英招

马身人面,虎纹鸟翼,司槐江山。

出自《山海经·西山经》。

英招是上古时期中国神话传说中的天神。英招马身人首,身上有虎一样的花纹,背有双翅,能在空中飞行,喜欢周游四海。英招参加过无数次征讨邪神的战争,被人誉为和平之神。英招同样是百花神的朋友。

槐江山是天帝的园圃,传说它悬在半空,由天神英招看管着。园子里关着各类连名字都说不清楚的凶恶植物和动物,例如"土蝼""钦原"。"土蝼"长得像羊又长着四只角,是吃人的兽类,而"钦原"是像鸳鸯一样大小的、形似蜜蜂的毒兽。英招禁止它们伤害人类或其他动植物。

陆吾

虎身九首，人面虎爪，司昆仑之丘山。

出自《山海经·西山经》。

陆吾又叫做肩吾，也被称作开明兽，主管着天帝在下界的都邑昆仑丘，同时也主管天上的九部和天帝苑囿的时节。

这位天神有着老虎的身子和爪子，却长有九个头和一副人的面孔。

陆吾的身边环绕着各类奇异的生灵，它对治下的那些动物和植物采取放养的态度。不管它们如何折腾捣乱，只要它们不出天之九部，去外边闯祸伤人，陆吾这个大管家便统统不管。

帝江

状如黄囊，赤如丹火，六足四翼，
混沌无面目，居天山。

出自《山海经·西山经》。

神鸟生于西方的天山之上，长着六只脚和四只翅膀，没有五官，颜色赤红像一团红火。这种神鸟善于唱歌和跳舞，名叫"帝江"。

袁枚《子不语·蛇王》中也记载："楚地有蛇王者，状类帝江，无耳目爪鼻，但有口。其形方如肉柜，浑浑而行，所过处草木尽枯。"

古代先民将猪杀死后，使用猪的皮囊并缝上鸟翼，扮成天神以示崇拜。有人认为神话中所说的帝江没有面目，并不是没有头，而是指神鸟的面部被蓬发盖住了。

神魖

人面兽身，一足一手，居刚山。

出自《山海经·西山经》。

刚山是泾谷山再向西一百二十里的一个地方，山上生长着茂盛的漆木，遍布着叫做㻬㻏的美玉。

刚水发源于此山，向北流入渭水。山上有许多魑魅一类的鬼神，人面兽身，独手独脚，发出的声音像人的呻吟，名神魖（音 chì）。

泰逢

状如人面虎尾，和山之神也；
好居萯山之阳，出入有光。

出自《山海经·中山经》。

泰逢（音 páng），古代神话人物。泰逢神的外形与人相似，但却长着一条虎一样的尾巴，住在萯（音 fù）山南面向阳的地方，具有奇异的法力，可以改变天气状况。

胡文焕说："和山多苍玉，有吉神，名泰逢。谓司其吉善者也。状如人，虎尾，好居萯山之阳，出入有光。此神动天地气，其灵爽能兴风雨。"

据《吕氏春秋·音初篇》记载，有一次夏朝的昏君孔甲，在萯山之下打猎，突然，天色变得十分昏暗，并刮起了大风，孔甲在萯山迷了路，传说这件事就是泰逢所为。

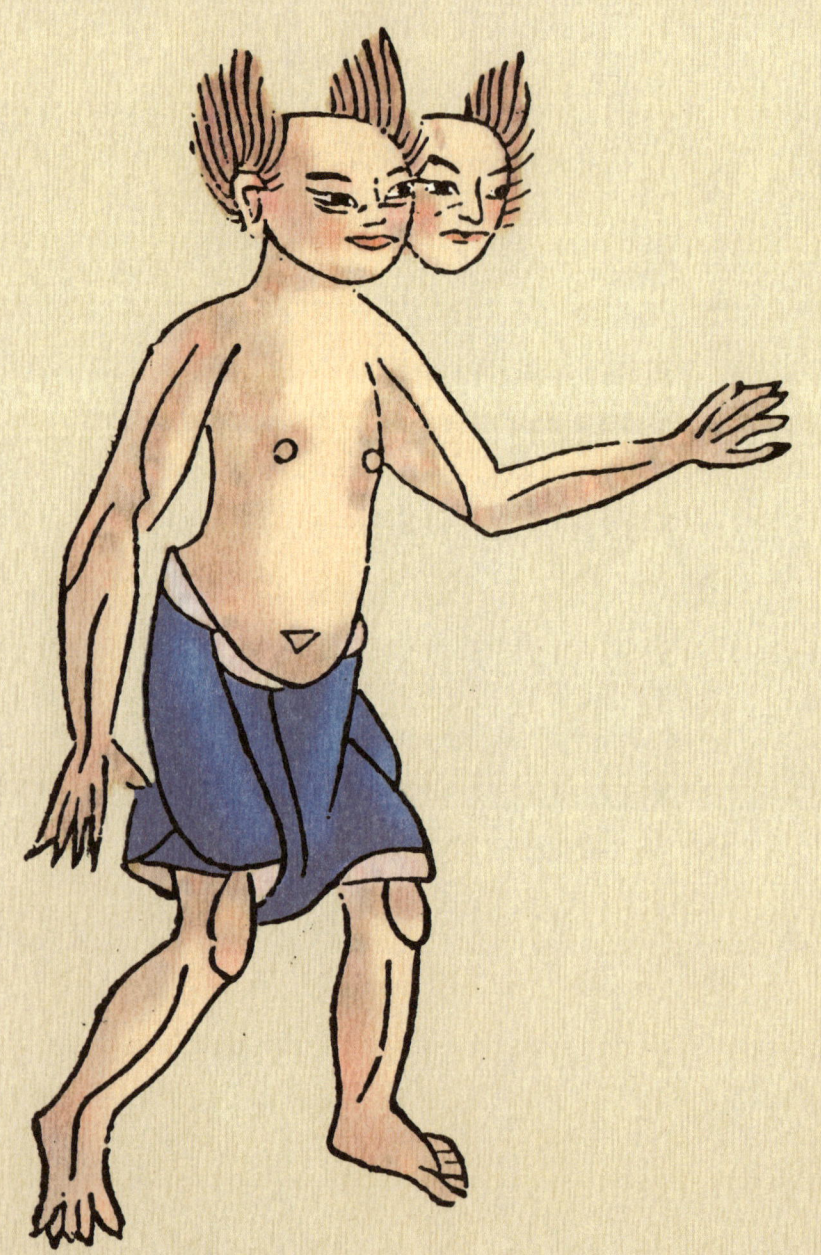

骄虫

狀如人面二首，平逢山之神。

出自《山海经·中山经》。

平逢山的山神骄虫，身形像人，长有两个脑袋。螫虫奉它为首领，所有的蜂类动物也归它管辖。

许顺湛先生考证："骄虫是居住在平逢山的有骄氏家族的信仰图腾，而有骄氏是炎黄二帝的母族。"

羲围

人面羊角虎爪,处骄山,恒游于雎漳之渊。

出自《山海经·中山经》。

羲围,是中国古代神话传说中的人物。居住在骄山中,外形像人类而长着羊角虎爪,常常畅游在雎水和漳水的深渊里,进出时有闪光出现。

计蒙

人身龙首，居光山，恒游于漳渊，
出入必有风雨。

出自《山海经·中山经》。

计蒙是传说中的司雨之神，也被人们称为雨师。它身形酷似人类，长着龙首鸟爪，手臂上覆盖着羽毛，挥臂张口就能够召唤风雨。

计蒙居住在光山，经常出现在水泽丰沛的地方，同时狂风暴雨也会伴随它到来。

共工与帝颛顼的战争中也记载有光山计蒙神出场，计蒙是帝颛顼的将领，它击败了水神共工。

形天

无首,操干戚而舞,以乳为目,以脐为口。

出自《山海经·海外西经》。

形天,即刑天。传说刑天和黄帝争夺神位,被黄帝砍断了头。他死后葬在常羊山。常羊山从此阴云郁结,不见青天,人们还经常听见山谷中有闷雷轰鸣回响的声音。据说那是失败的英雄刑天的尸身用两乳为眼睛,用肚脐作口,一只手持盾牌,一手舞动大斧,想要继续同敌人作战。

段成式《杂俎》记载:"天山有兽,名刑天。黄帝时与帝争神,帝断其首,乃曰:'吾以乳为目,脐为口。'操干戚而舞不止。"

陶渊明在《读山海经》诗句中写道:

"精卫衔微木,将以填沧海。刑天舞干戚,猛志固常在。

同物既无虑,化去不复悔。徒设在昔心,良辰讵可待!"

蓐收

左耳有青蛇，乘两龙，面目有毛，
　　虎爪执钺，西方金神也。

出自《山海经·海外西经》。

蓐（音 rù）收是古代传说中的西方神明，掌管秋季，主人间刑罚，为白帝少昊的辅佐神。也有人说蓐收是白帝的儿子。蓐收的左耳挂蛇，出入乘两条龙。

蓐收住在泑山，那里多产美玉和雄黄。从泑山向下可以望见西边太阳落下的地方，因而据说蓐收也主管太阳落山。

《国语·晋语》记载："虢公梦在庙，有神人面、白毛、虎爪，执钺，立于西阿，公惧而走。神曰：'无走。帝命曰：使晋袭于尔门。'公拜稽首，觉，召史嚣占之，对曰：'如君之言，则蓐收也，天之刑神也，天事官成。'公使囚之，且使国人贺梦。……六年，虢乃亡。"

《国语·晋语二》当中记载蓐收人面、白毛、虎爪，拿着大斧头。而且史官史嚣认为蓐收是刑戮之神。古代一般"秋后问斩"，大概就源于此吧。

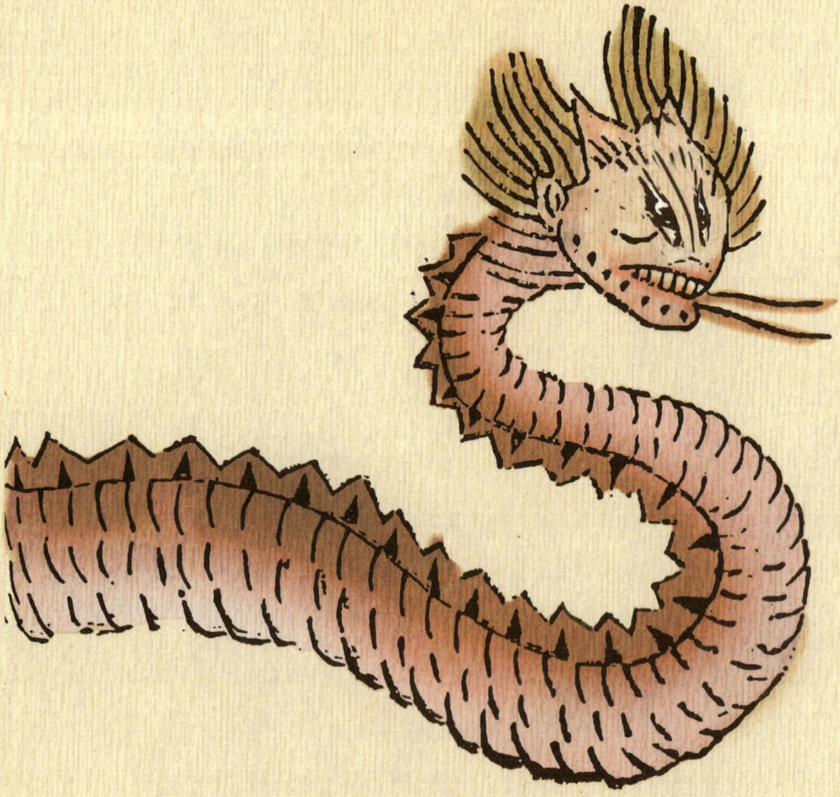

烛阴

人面蛇身,赤色,身长千里,钟山之神也。

出自《山海经·海外北经》与《大荒北经》。

烛阴又叫烛龙,是中国古代神话传说中的钟山之神。

它人面龙身,口中衔烛,全身赤红,身体长达千里,眼睛是立起来的,正中有合成一条缝的眼皮,它闭上眼睛就是黑夜,睁开眼睛就是白昼,不吃饭,不睡觉,不呼吸,只吸吮风雨为食。它能照耀极为阴暗的地方。

烛龙的呼吸关乎天气晦明、时节风雨。古人根据星象观察总结天气变化,并将烛阴视为苍龙,苍龙主管天气的变化,所以可知这个神的形象来自古代人对气象的自然崇拜。

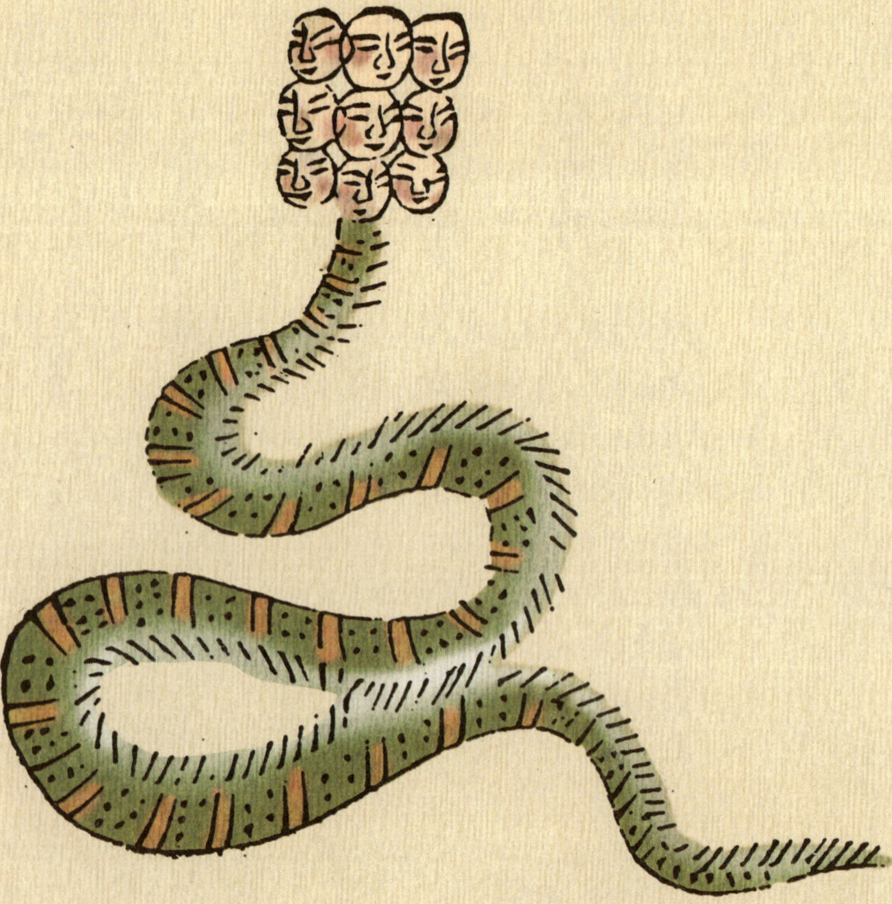

相柳

九人首、百蛇身。

出自《山海经·海外北经》。

相柳又称相繇，上古时代传说中的凶神，共工的属下。

有记载，它"蛇身九头，食人无数，所到之处，尽成泽国"。就是说，相柳长着九个脑袋，每个脑袋上都长着人的面孔，有蛇一样的身体，并且通体青鳞。它贪婪好吃，因此它经过的地方都会被它吃空。它口中喷出来的水腥臭无比，又苦又辣，喝了就会送命，这种水形成的水泽连禽鸟也不能生存。

禹见相柳四处为害，就运用神力杀了相柳，为民除害。

相柳身上流出的血也有剧毒，一沾土地，五谷就枯萎，污染大片土地。禹尝试用泥土陉塞，但三陉三陷，只好把被污染的泥土挖出，便形成了池塘，各方天神在池畔筑起一座高台，以此镇压邪魔。

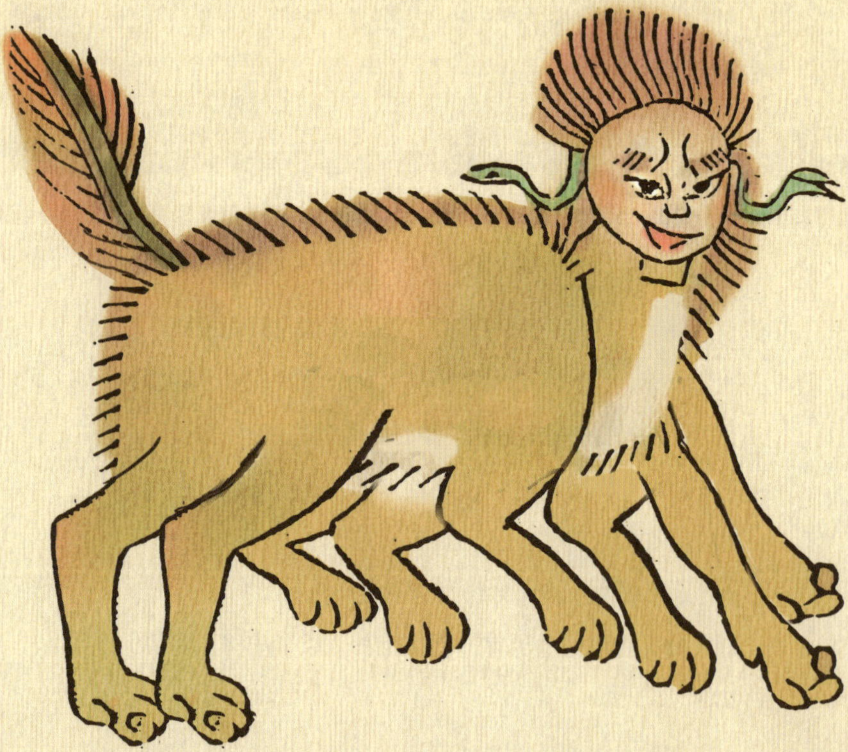

奢比

兽身、人面、大耳，珥两青蛇。

出自《山海经·大荒东经》和《山海经·海外东经》。奢比也叫奢比尸，是半人半兽的怪物。

《山海经·大荒东经》中说它是神的一员，长着人的头颅和野兽的身体，一对大耳朵上戴着两条青蛇。《山海经·海外东经》肯定了这种描述，并且提到奢比之尸就是肝榆之尸。

也有传说，奢比尸善用毒，还可以改变天气，所以它还是天气之神。

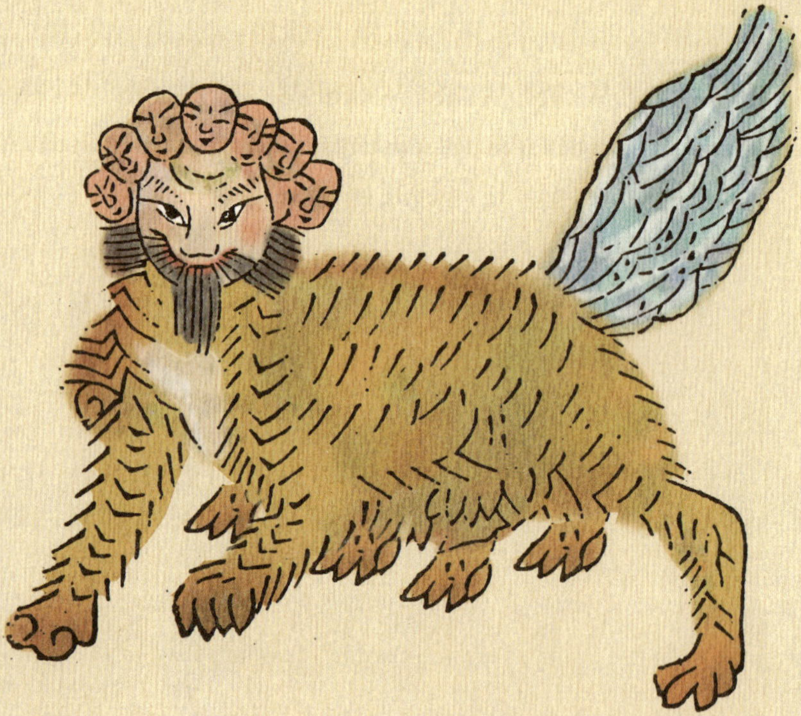

天吴

虎身人面,八首八足八尾,朝阳谷之神,一云十尾。

出自《山海经·海外东经》。

天吴是古代中国神话传说中的水神。它居住在朝阳谷两条河流的中间,身形酷似野兽,长着八个脑袋,每个脑袋上都长着人脸,并有八只脚和八条尾巴。

"天吴"人面虎身的形象,与吴人的狩猎生活密切相关。古代吴人以狩猎为生。吴人崇拜一种似虎的动物。传说这种古动物可能存在过,但在先秦时变得稀少而绝迹了。

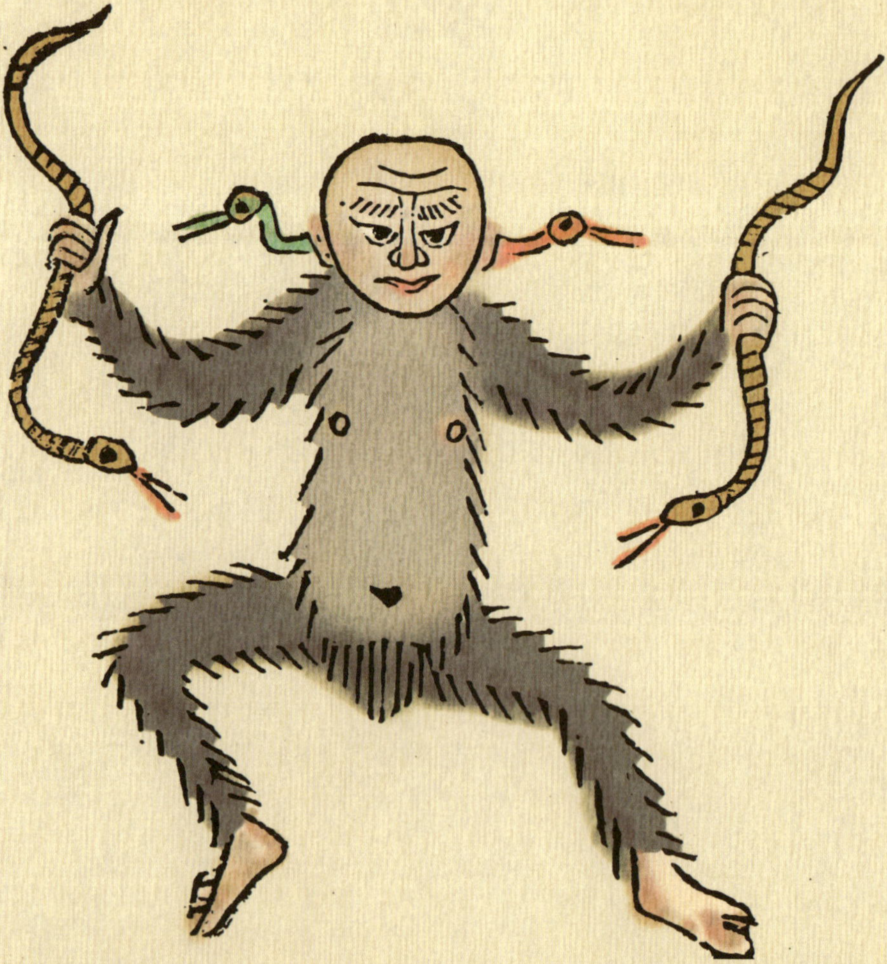

雨师妾

黑身人面，两手各操一蛇，左耳有青蛇，右耳有赤蛇。

出自《山海经·海外东经》。

雨师妾，生活在中国古代神话中的国家——汤谷——的北方。相传这个国家的人皮肤都是黑色的，左边耳朵上穿挂着一条青蛇，右边耳朵上穿挂着一条红蛇，左右手各握着一条蛇。

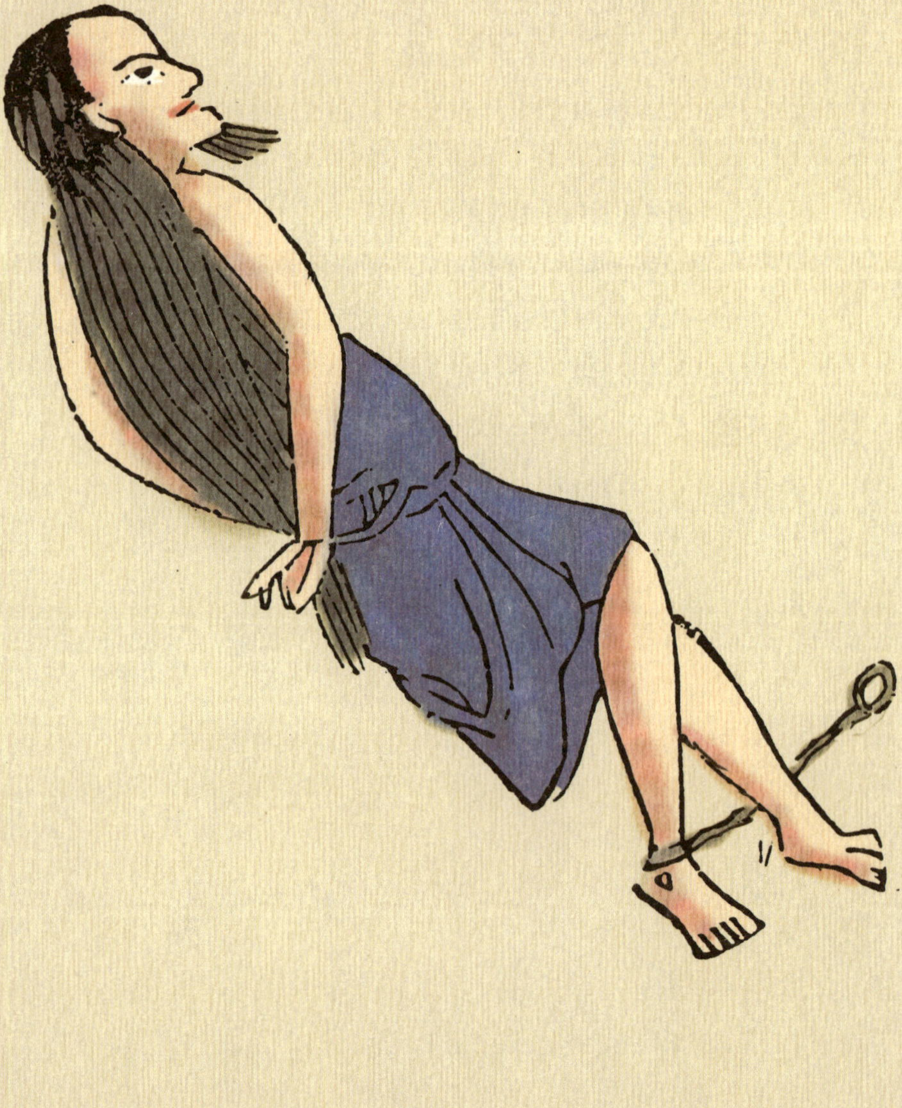

贰负之臣

反缚两手与发，桎其右足，在疏属之山。

出自《山海经·海内北经》。

贰负人面蛇身，图腾多为人蛇合体的样子，也是古代跑得最快的神。它喜欢杀戮，后来逐渐演变为武官的象征。

贰负有个叫危的臣属，杀了窫窳（yà yǔ），被天帝拘禁在疏属山中，双手被反绑，右脚戴上镣铐。窫窳曾是天神，被杀后又复活，但变成了食人的怪兽。

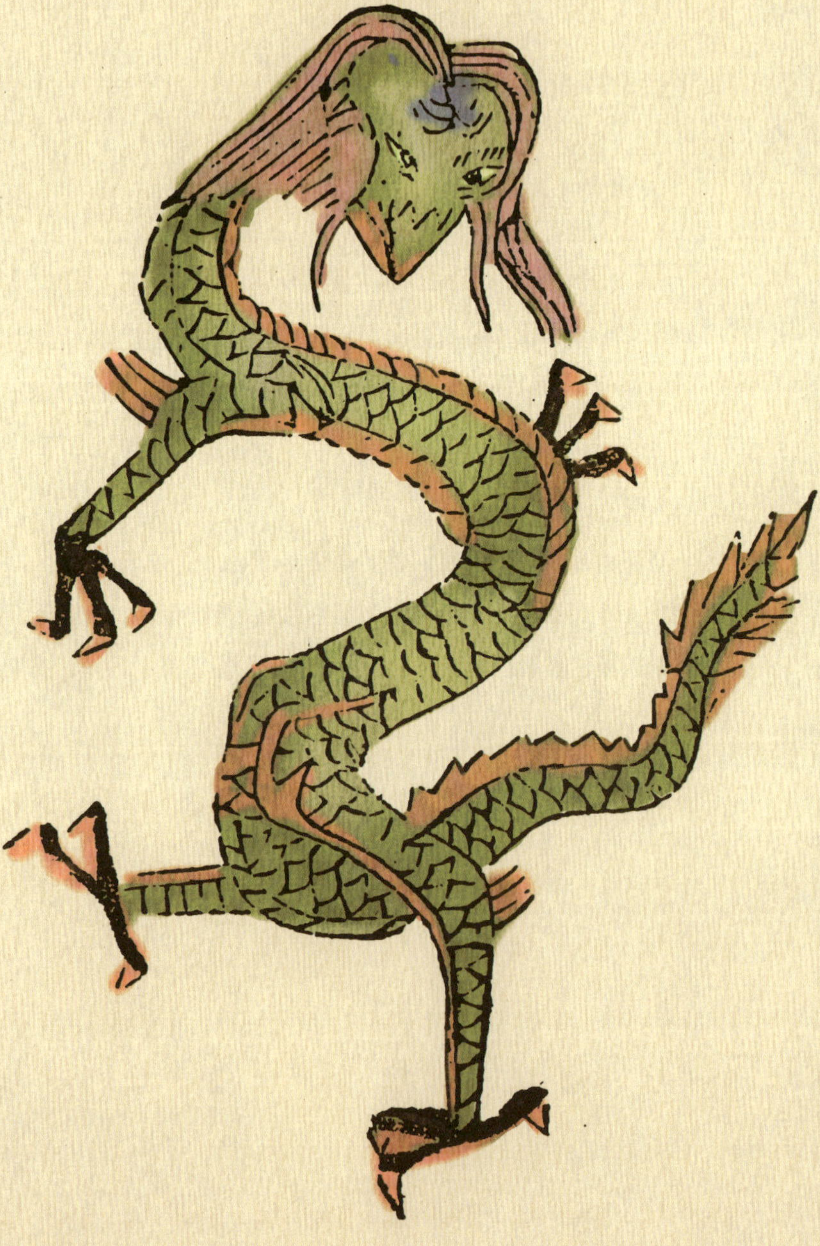

雷神

龙身而人头，鼓其腹。在吴西。

出自《山海经·海内东经》。

雷神于古雷泽中出生，龙身人首，肚子一鼓起，天空就有雷声响起，俗称雷公。

古代中国雷神的形象随着时代发展，是在不断演变的。最初，人们把它塑造成人头龙身的怪物，敲打它的肚子发出巨响，这种形象半人半兽。后来，人们认为雷声在天上，而龙在云间飞行，其腰间有一鼓，鼓发出雷声可召唤风雨。最后，雷神变成尖嘴猴脸的形象，并逐渐定形。

在道教神话中，有数量众多，各种级别的雷神，最弱小的是"雷公"，稍强大的是普通"雷神"，最高级别是"雷王"。传说有位雷王出生在广东省的雷州半岛，名叫陈文玉。

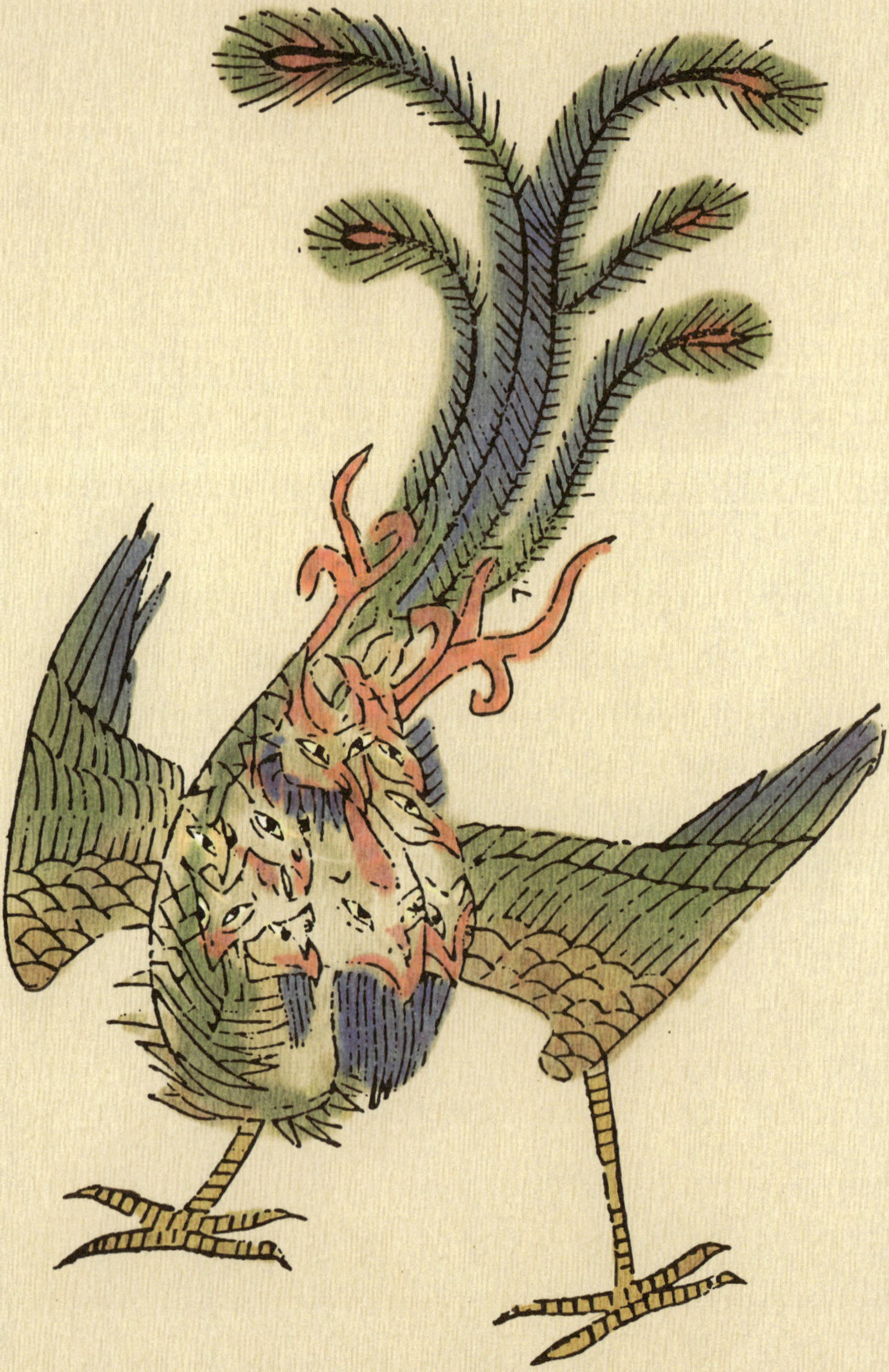

九凤

九首人面鸟身,居北极天柜之山。

出自《山海经·大荒北经》。

北极天柜山,有一个神,它长着九个脑袋,有人的面孔和鸟的身子,名叫九凤。

人面鸟身而九首的神鸟九凤,是楚人先祖所崇拜的一个半人半鸟的图腾形象,它是我国九头鸟形象的最早原型,也是今人称湖北人为"天上九头鸟,地上湖北佬"的源头。

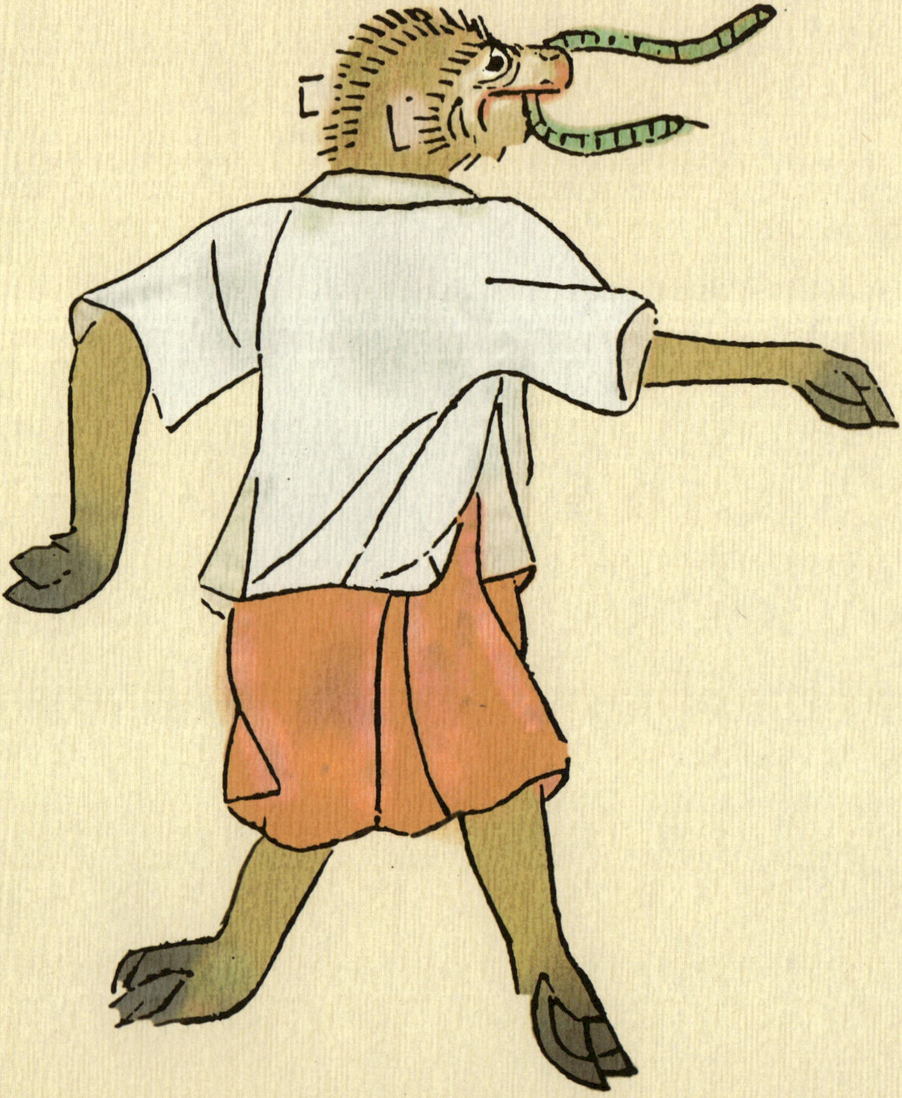

强良

虎首人身,四蹄长肘,衔蛇操蛇,与九凤同山。

出自《山海经·大荒北经》。

强良和九凤在同一座山上居住。强良嘴里叼着蛇,长着老虎的脑袋和人的身子,有四只蹄子,胳膊很长。

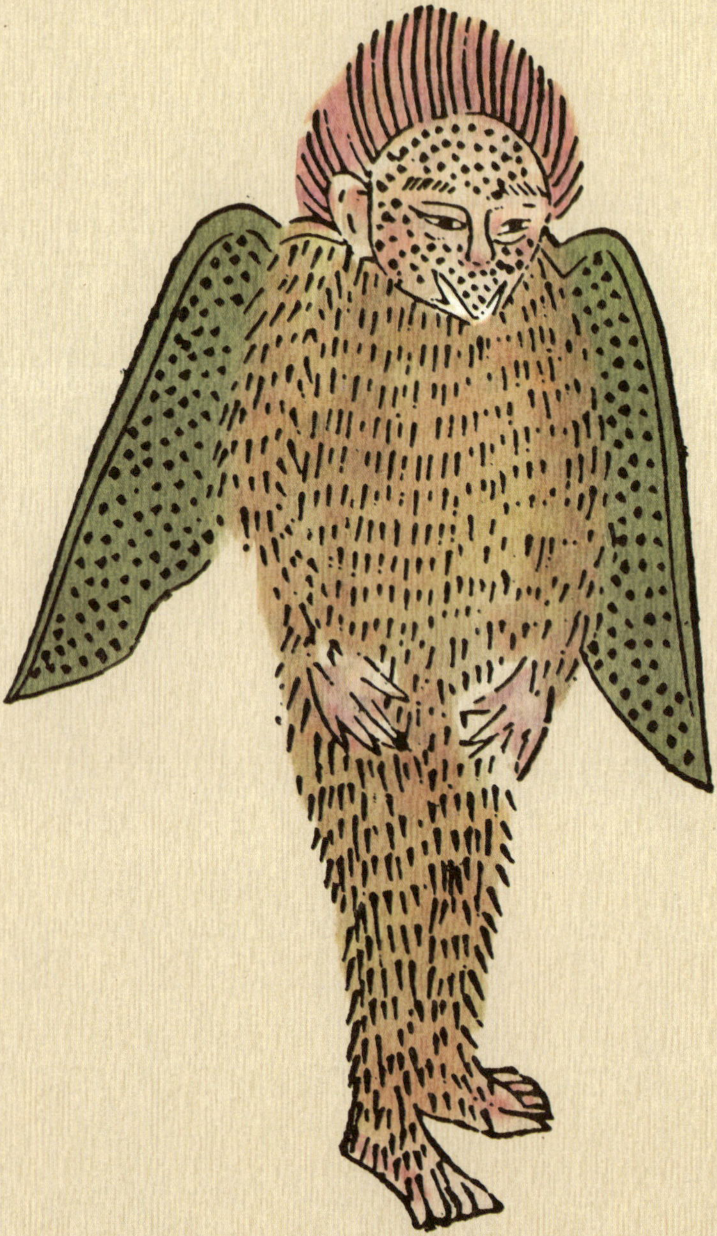

羽民国

为人长头,身生羽毛,在结胃国东南。

出自《山海经·海外南经》。

羽民国在结胃国东南方,羽民国的人长着人面鸟身,羽毛遍布全身。

郭璞:"(羽民国人)能飞,不能远,卵生,画似仙人也。"

张华《博物志》:"羽民国,民有翼,飞不远,多鸾鸟,民食其卵。去九疑四万三千里。"

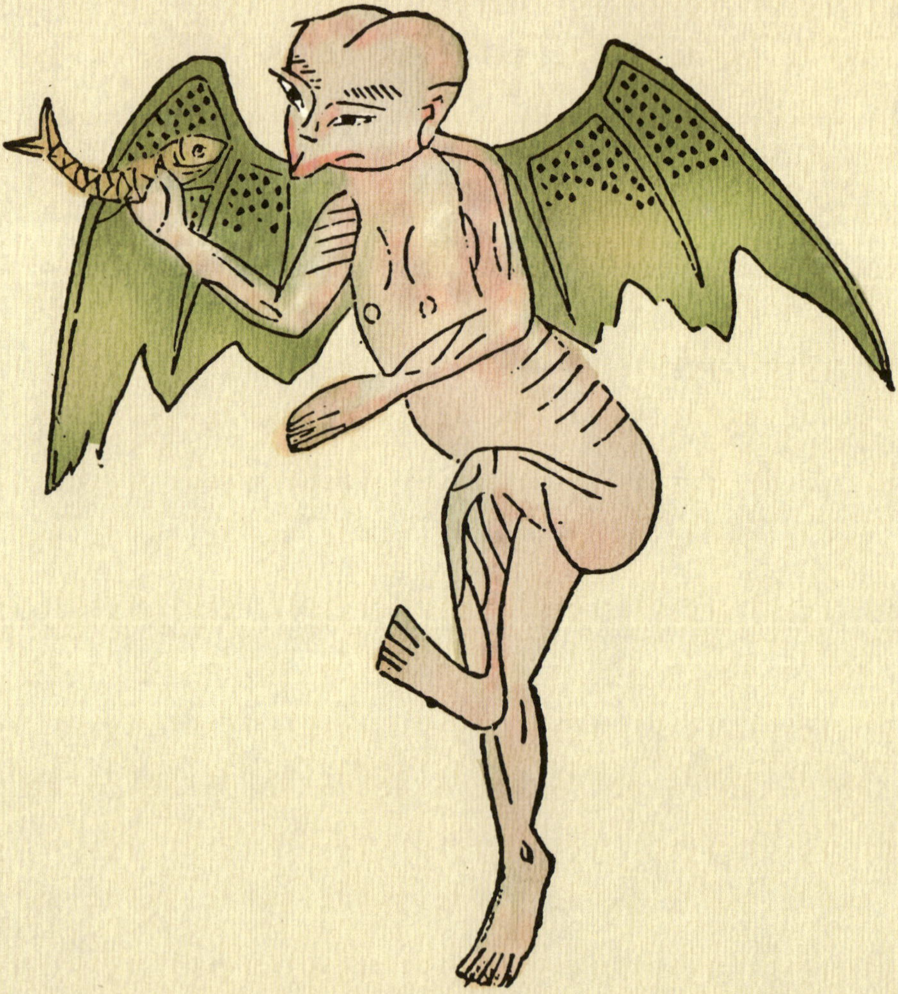

讙头国

人面有翼，鸟喙，方捕鱼，在毕方东。

出自《山海经·海外南经》。

讙（音 huān）头国的人，都长着人的面孔，却有两只翅膀，只能用来作拐杖，还长着鸟嘴。这里的人经常挂着两只翅膀游巡在海边，伺机用鸟嘴捕捉鱼吃。

讙头国又叫讙朱国，实际上应该叫丹朱国。尧的儿子丹朱反对父亲将天子之位传给舜，后来遭到放逐，丹朱几次造反失败，最后跳海自杀而死，魂魄化为鹬鸟，他的子孙就在南海繁衍形成了丹朱国。

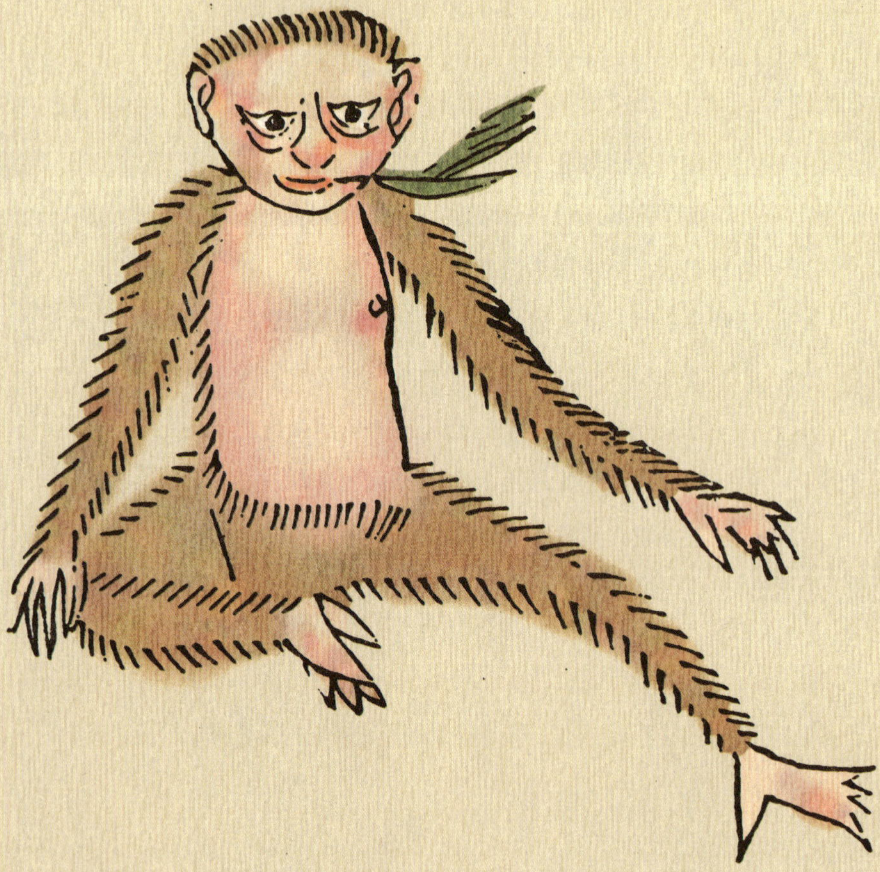

厌火国

兽身黑色，生火出其口中，在讙头东。

出自《山海经·海外南经》。

厌火国的人住在讙头国的东边，形貌是像猿猴一样的野兽，皮肤黝黑如炭。他们平时以炭石为食物，能够从口中喷出火苗。

厌火国有一种形状像狗、名叫"祸斗"的食火兽，它能像当地的人一样喷火，因此常给该国人带来火灾。

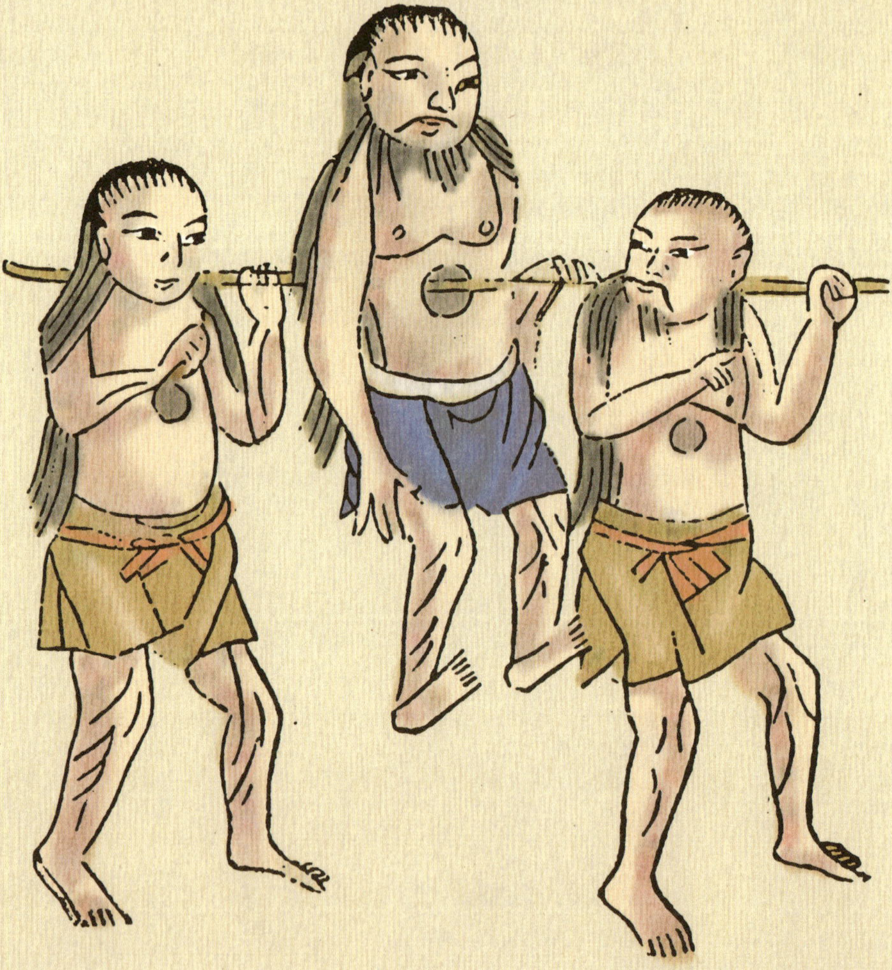

贯胸国

为人胸有窍,在载国东。

出自《山海经·海外南经》。

贯胸国,又称"穿胸国"。其人被称为"贯胸人""穿胸人""穿胸民"等。贯胸国人是我国上古时期南方的一个令人惊异的种族,他们的胸膛上有一个洞,贯穿腹背,却能安然无恙地生活。在战场上,由于找不到贯胸人的心脏,敌人往往无法对他们施以致命一击。

有人认为"贯胸"是古人对《山海经》的误读,其实质是指代用竹竿抬人行走的行为;也有学者认为"贯胸"是把胸前和背后的皮拉起来,用刀穿个洞,用于考验人们是否勇敢。越南、泰国等东南亚地区现在还有这种习俗。

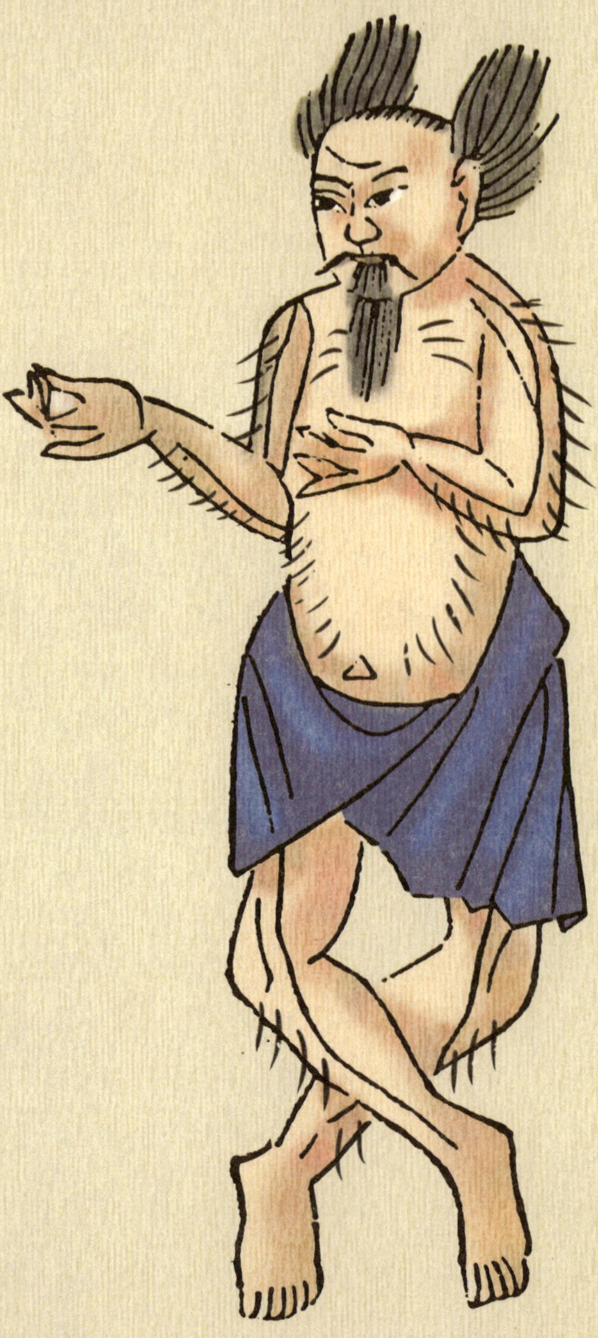

交胫国

为人交胫，在穿胸东。

出自《山海经·海外南经》。

交胫国在穿胸国的东方，这个国家里的人小腿是相互交叉的，甚至在走路时也是这样。

传说交胫国国民个子大约四尺，身上长有毛，由于足骨没有骨节，所以双腿相互交叉走路。他们走路时要格外小心，因为一旦摔倒就很难站起来了。

郭璞注："言脚胫曲戾相交，所谓雕题、交趾者也。或作颈，其为人交颈而行也。"

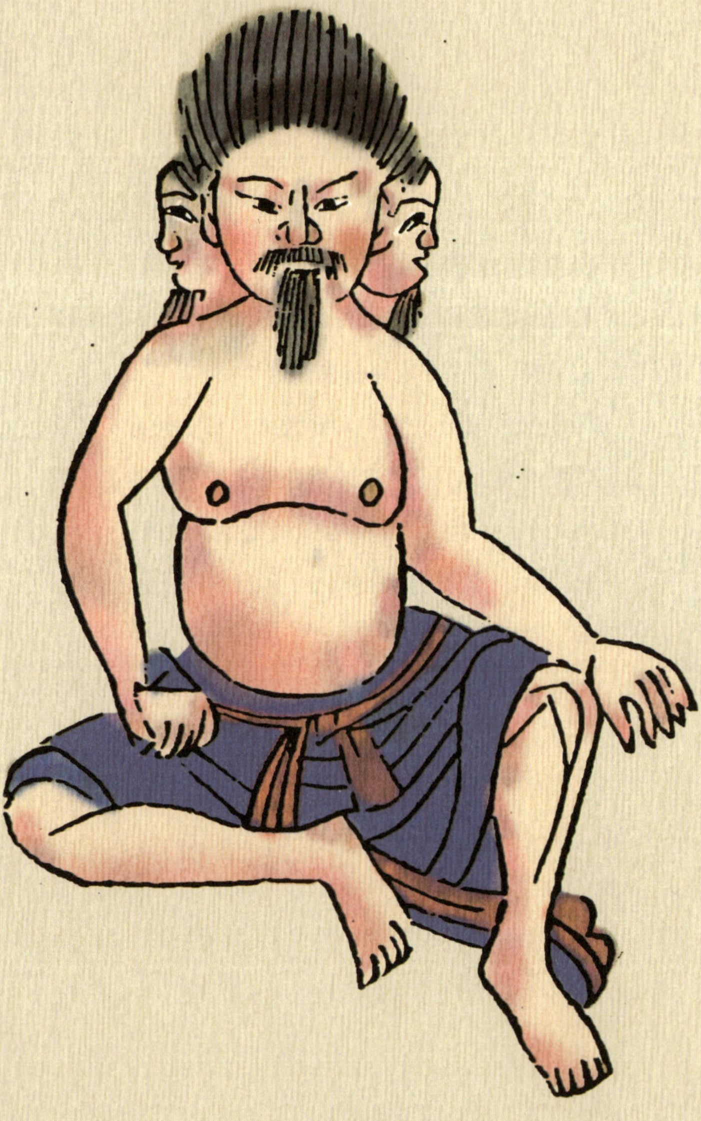

三首国

一身三首,在凿齿东。

出自《山海经·海外南经》。

三首国在凿齿国的东边,三首国的人都长着一个身体和三个脑袋。

传说他们三个头上的五官是相通的,呼吸时,一口气会同时从三张脸上的每个鼻孔进出;一个脑袋上的眼睛看到的东西,其他脑袋上的眼睛也同时看见了;一张嘴吃东西,另外两张嘴也就不馋了。

这大概是"三头六臂"形象的源头之一吧。

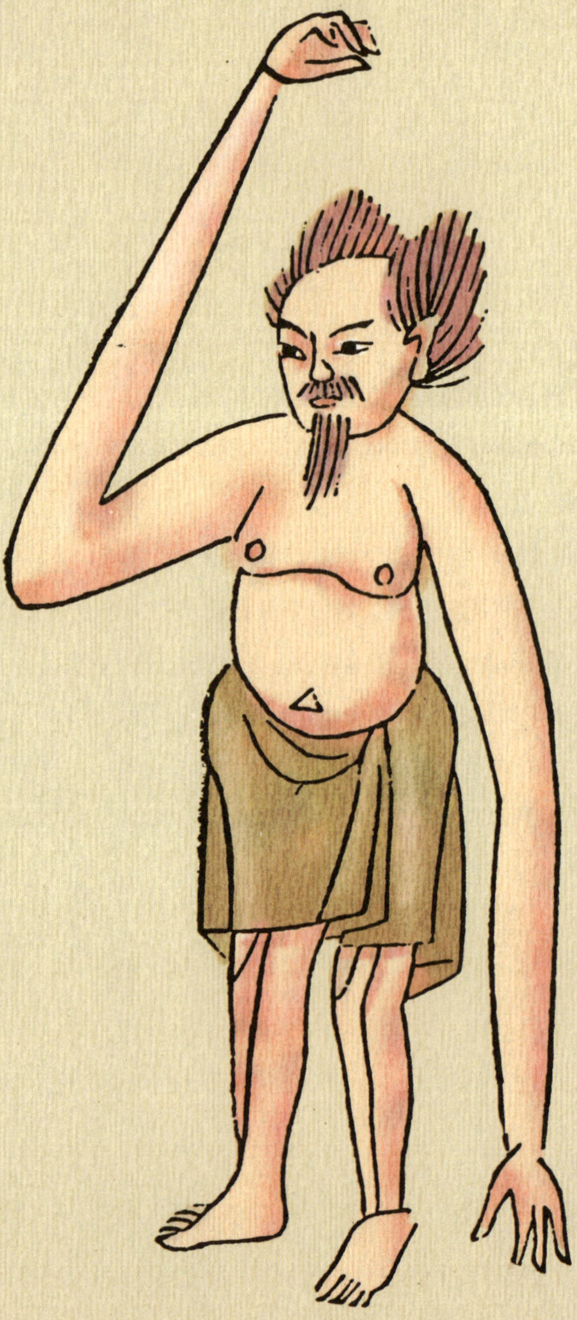

长臂国

其人手垂下地，在焦侥东。

出自《山海经·海外南经》。

长臂国在焦侥国的东边，这里的人手臂都长至地面，比身体长出一大截，去水中捕鱼都不用弯腰。

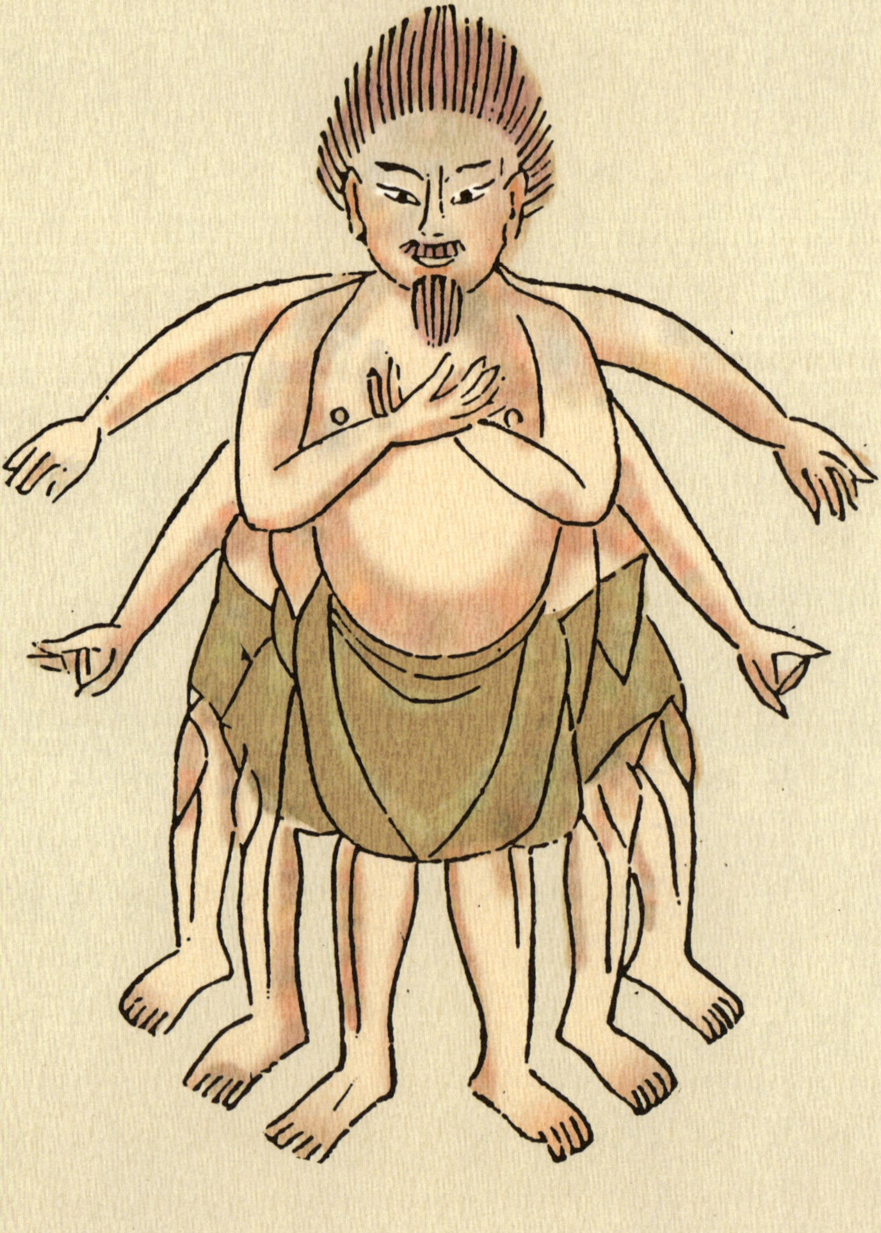

三身国

一首而三身,在海外西南。

出自《山海经·海外西经》。

三身国在夏后启的北方,这个国家的人都有三个身体,却共用一个头。国民都姓姚,以黍作为食物,能使唤豹子、老虎、狗熊、人熊这四种野兽。

传说三身人是帝俊的后代。当年帝俊的妻子娥皇所生的孩子就是一首三身,他们的后代繁衍生息,渐渐地形成了三身国。

《艺文类聚》卷三五引《博物志》记载:"三身国,一头三身三手。昔容氏有季子,好淫,白日淫于市。帝放之西南,季子妻马,生子,人身有尾蹄。"

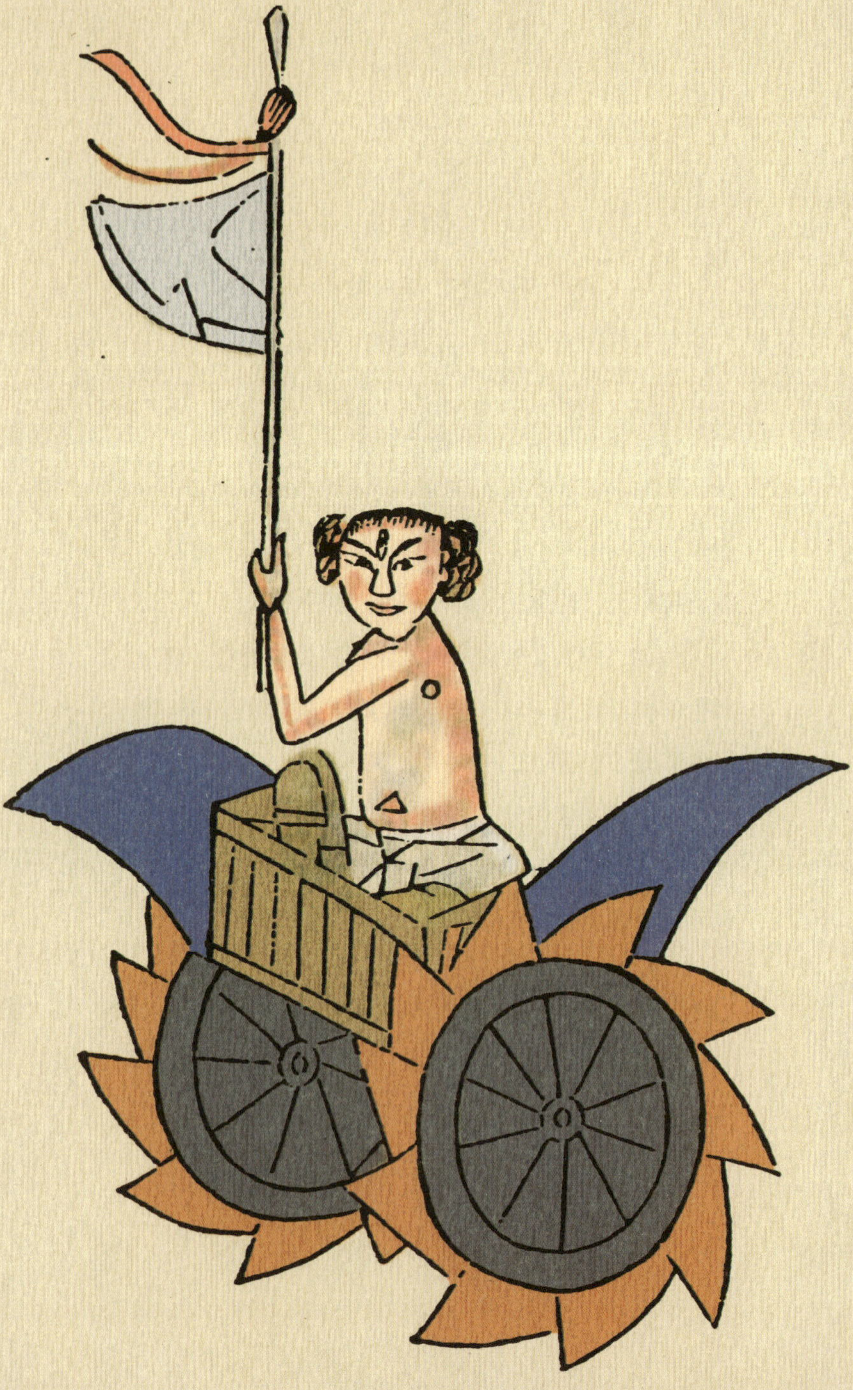

奇肱国

其人一臂三目，有阴有阳，
能作飞车从风远行。在一臂国北。

出自《山海经·海外西经》。

奇肱国在一臂国的北边，又叫鱼人国或夜郎国。奇肱族人工艺技术精良，常为了便利自己的生活而制造出许多精妙的机关来。他们只有一条手臂却有三只眼睛。眼睛分阴阳，阴眼在上，阳眼在下。

奇肱国建在山坡上，当地风终年不停地吹，因此国内四处放置了许多小型的风车，成为奇肱国的特色。

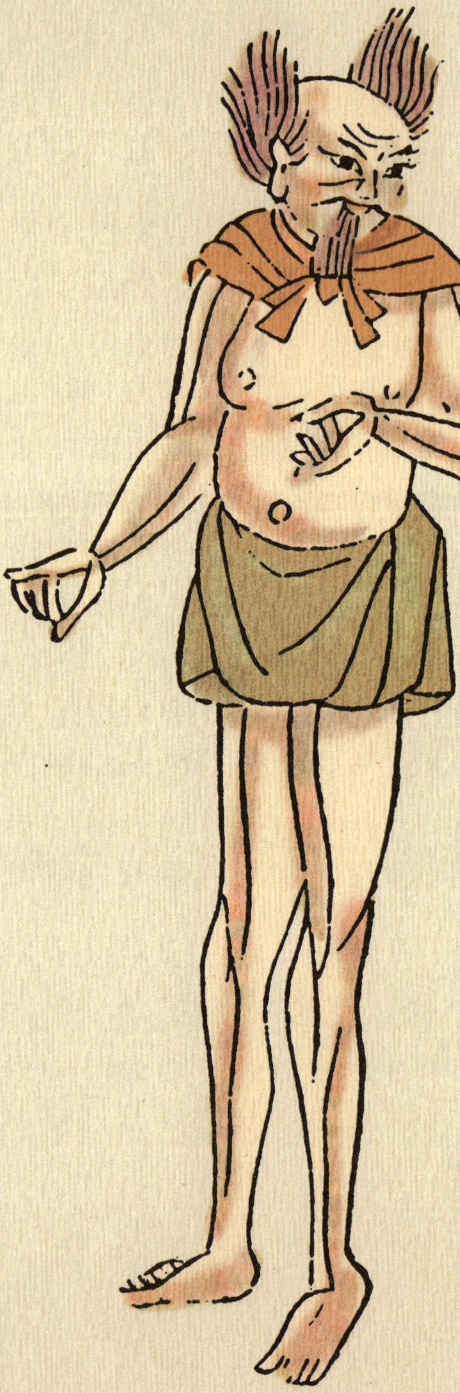

长股国

一云长腿,腿过三丈,在雄常树之北。

出自《山海经·海外西经》。

长股国位于雄常树的北面,传说那里的人善于捕鱼。他们的身体跟普通人一样,就是双腿奇长,甚至可达三丈,行走时就像我们踩着高跷一般。

长股人和长臂国民常常相互配合捕食。长股国的人由于腿长,根本不用划船,他们背着长臂国的人在海中捉鱼,连身上的衣服都不会被浪花打湿。

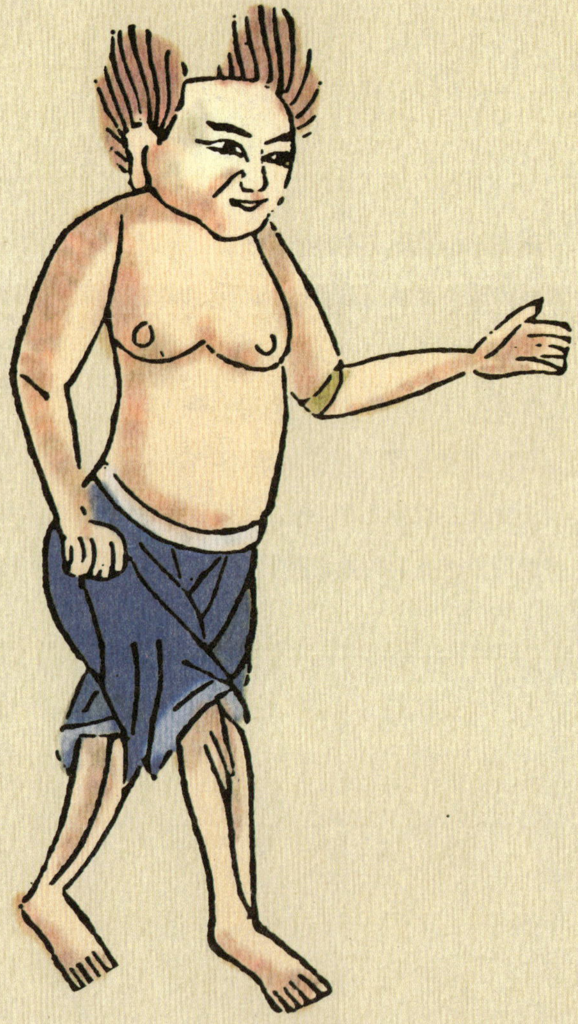

无肠国

为人无肥肠，在长股东。

出自《山海经·海外北经》。

无肠国，在长股国的东面，又叫无腹国，国人是无启国人的子孙后代。说他们无肠是因为他们的肠胃很短，并非没有肠子。他们吃下去的食物，通常还未等到完全消化便排泄了出去。所以他们为了维持身体的正常需要，要不停地吃喝。

《镜花缘》中的无肠国的人等级各不相同，低等级人吃高等级人的排泄物，最后的排泄物给狗吃。

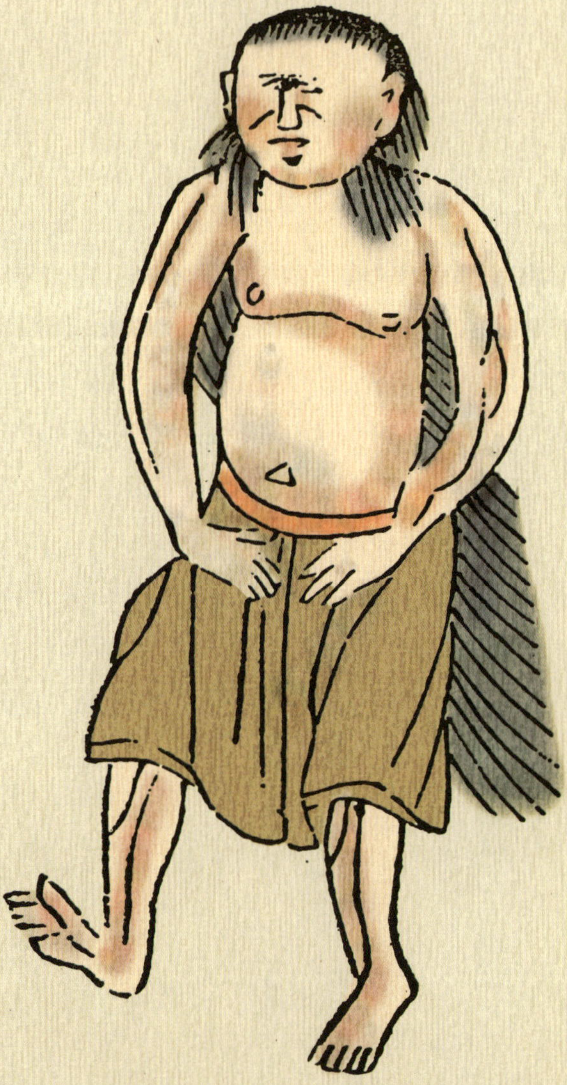

一目国

一目中其面而居,在烛龙之东。

出自《山海经·海外北经》。

一目国在钟山山神烛龙所在地的东方,这里的人只有一只眼睛,且在脸的正中间,也就是独目人。

《山海经·海内北经》中记载:"鬼国在贰负之尸北,为物人面一目。"

袁珂注云:"鬼、威音近,当亦是此国。"

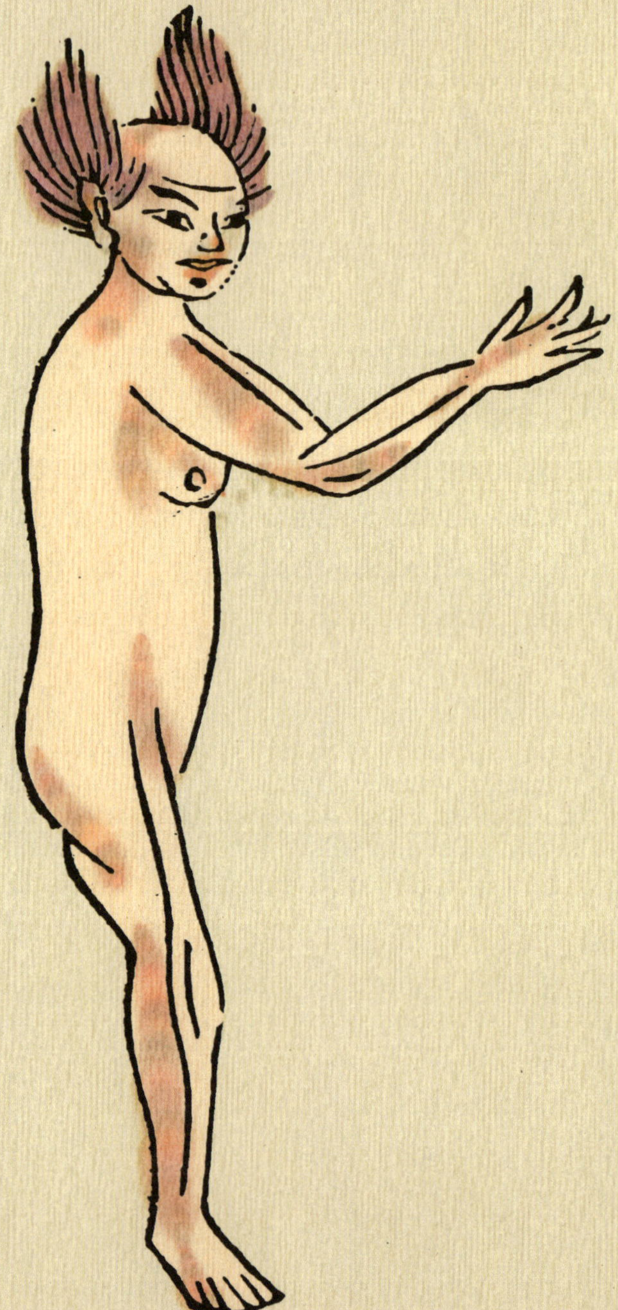

柔利国

为人一手一足,反膝,曲足居上。在一目国东。

出自《山海经·海外北经》。

柔利国在一目国的东面,那里的人膝盖反长着,脚弯曲朝上,只有一只手一只脚。

另一种说法是,柔利国叫做留利国,那里的人的脚和普通人不同,是倒着长的。

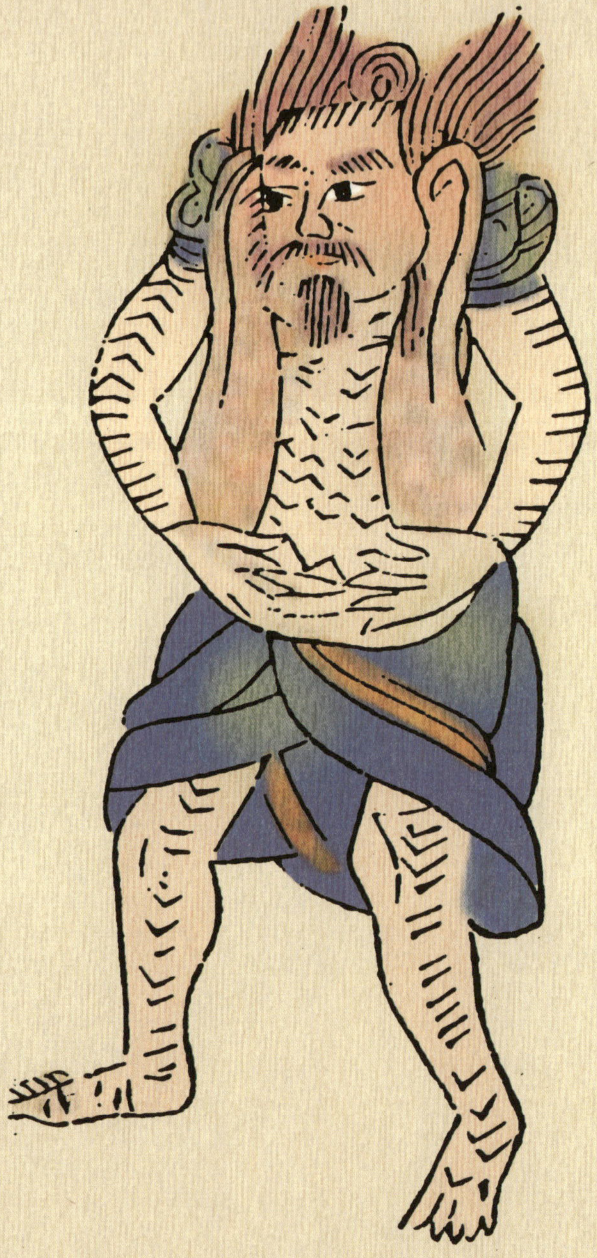

聂耳国

为人耳长，行则以手摄持之，在无肠国东。

出自《山海经·海外北经》。

聂耳国人长着两只大耳朵，人们走路时需要用双手撑托着自己的大耳朵。这个国家在无肠国的东方，处在海水环绕的岛上，能看到从海里出来的奇怪动物。国人能够驱使老虎工作。

清代小说《镜花缘》一书中诙谐幽默地描写了聂耳国的人物特征，体现了要求男女平等、反对压迫妇女的进步思想。

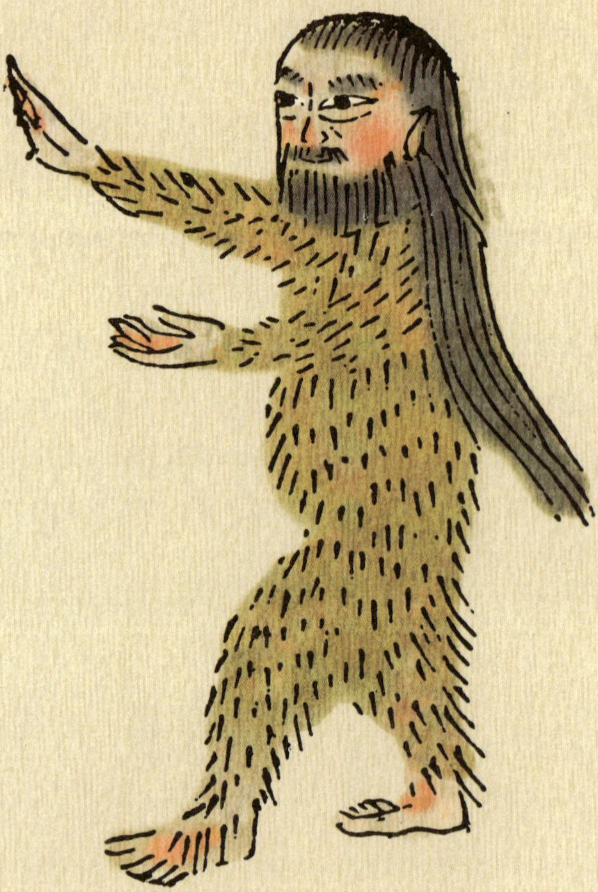

毛民国

为人身生毛,在海外东北。

出自《山海经·海外东经》。

玄股国的北方有个地方叫毛民国,生活在这里的人都浑身长着长长的毛发。他们以黍为食物,能够役使野兽。

据传,大禹的儿子是均国,均国的儿子是役采,役采的儿子是修鞈,修鞈杀了绰人。禹哀念绰人无辜被杀,为绰人的子孙建成一个国家,就是这毛民国。

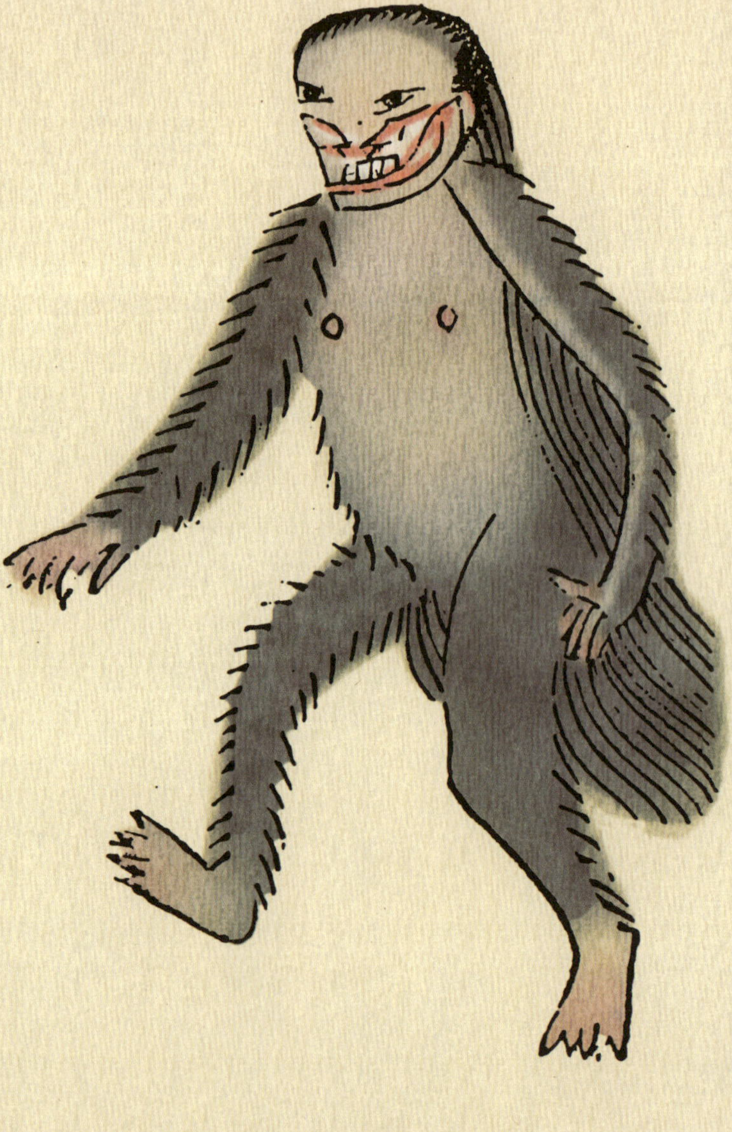

枭阳国

人面长唇,黑身有毛,见人笑亦笑,笑则唇掩其目。

出自《山海经·海内南经》。

枭阳国的国人都长着人的面孔,嘴唇很长,皮肤黝黑,浑身有长毛,一见人就笑,大笑时嘴唇翻上去能把额头盖住,连鼻子眼睛都看不见了。有人认为,这指的是狒狒、大猩猩一类的动物。

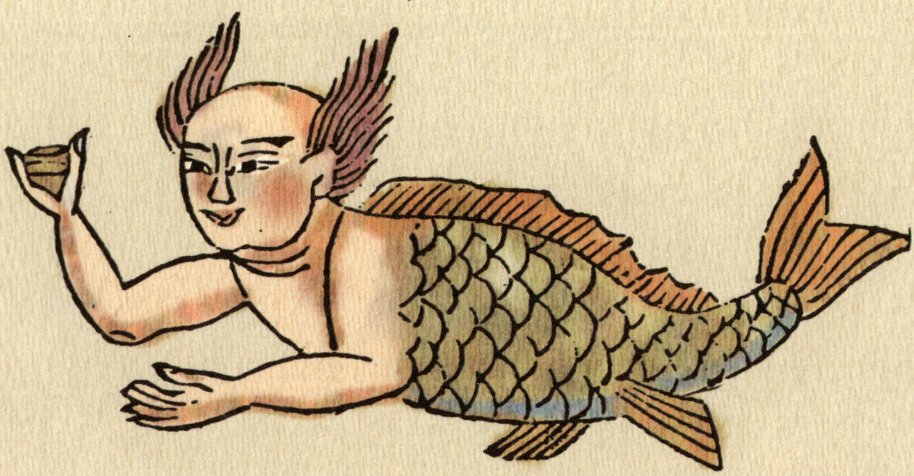

氐人国

人面鱼身,无足,在建木西。

出自《山海经·海内南经》。

氐(音 dī)人国,传说中的国家,在建木国的西面。传说这些人是炎帝的后代,有着人的面孔,鱼的身子,没有脚。类似于人鱼生物,与美人鱼十分相似。

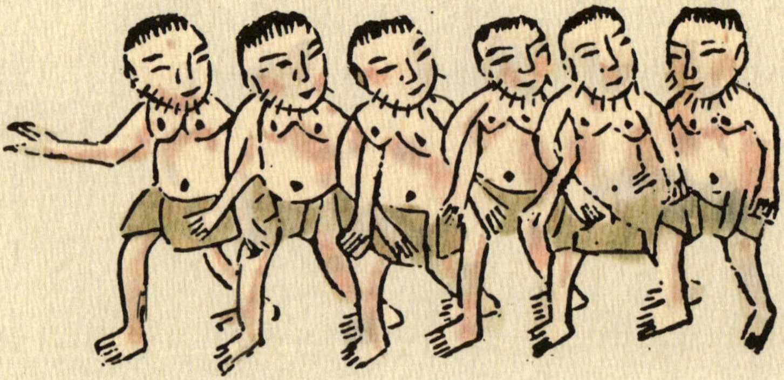

小人国

人长九寸，在大荒东。

出自《山海经·大荒东经》。

在大荒东，有个小人国，那里的人被称作靖人。那里的国民身材矮小，身高只有九寸。人的皮肤赤红，并留有长发，面部有胡须。这个国家在大人国旁边，和大人国形成鲜明反差。

袁珂校注："靖人、僬侥、周饶、侏儒，并一声之转。"嗯，都是一回事。

— 78 —

一臂民

一手一足一目一鼻孔，在大荒之西。

出自《山海经·大荒西经》。

有一个名叫一臂国的地方，这里的人都只有一条手臂、一条腿，在脸的正中长着一只眼睛、一个鼻孔。那里的人又叫比肩民或半体人。他们像比目鱼、比翼鸟一样，两两并肩连在一起才能正常行走。

郭璞注："此即半体之人，各有一目、一鼻孔、一臂、一脚。"

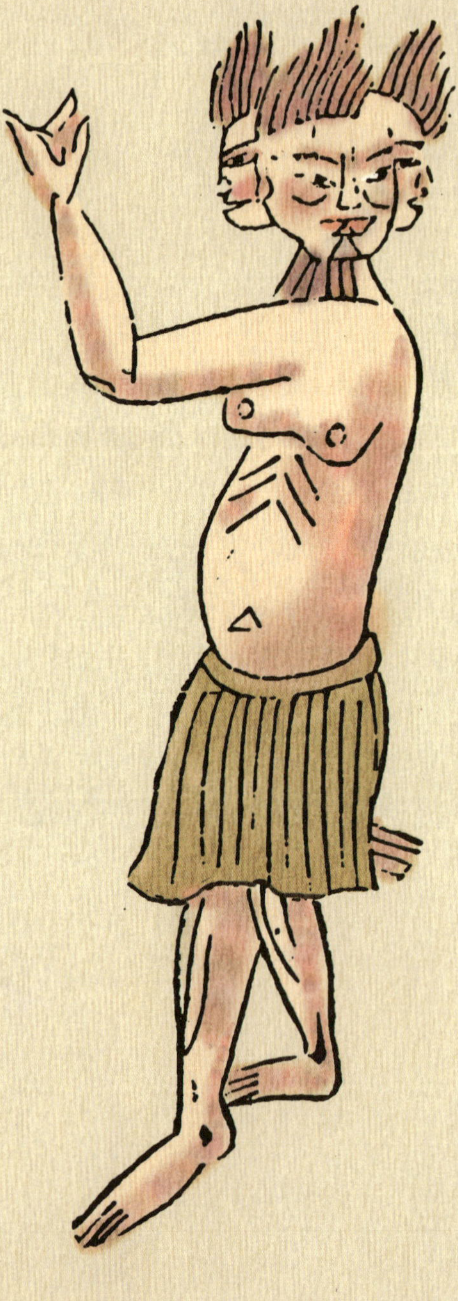

三面人

人头、三边各有面,无左臂,居大荒山。

出自《山海经·大荒西经》。

三面人是中国神话中一头三面一只胳膊的人。传说他们是帝颛顼的后代,是长生不死的。

郭璞注:"言人头三边各有面也。"

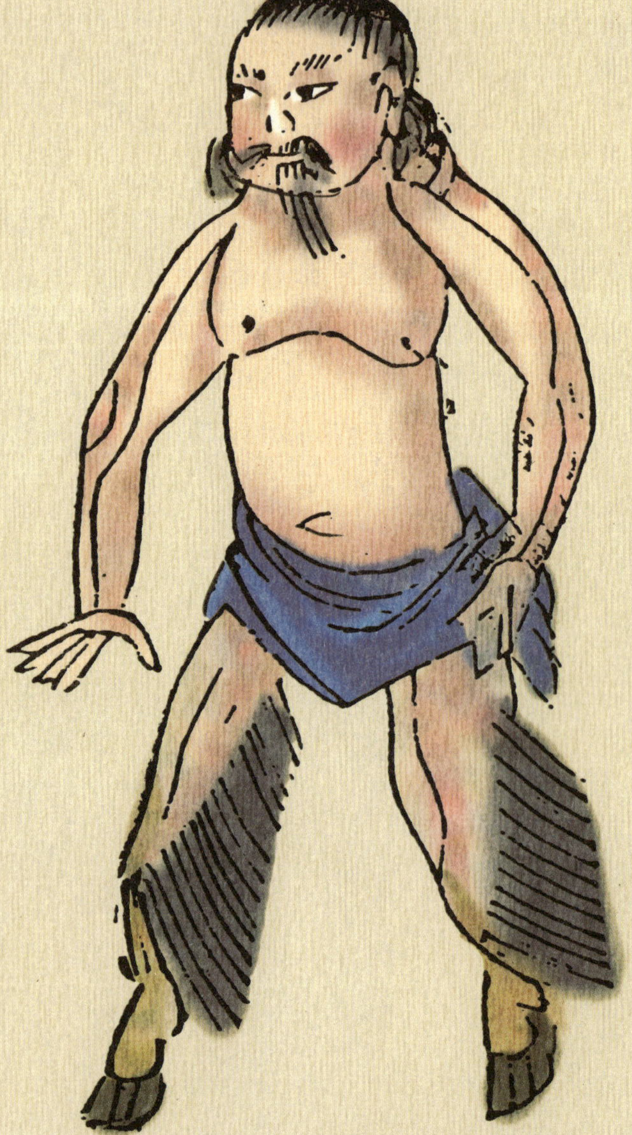

钉灵国

其人膝以下有毛,马蹄善走,在康居北。

出自《山海经·海内西经》。

钉灵国的人说话时声音像大雁、野鸭在叫,从膝盖往上的部分都和普通人一样,但从膝盖向下就是马腿、马蹄的样子,并生有长毛。钉灵国的人不骑马,因为他们自己跑得比马更快。所以又叫马胫国。

《三国志·裴松志注》引证的《魏略》里边记载:"乌孙长老言:'北丁令有马胫国,其人声似雁鹜,从膝以上身头,人也,膝以下生毛,马胫马蹄,不骑马而走疾于马。'"

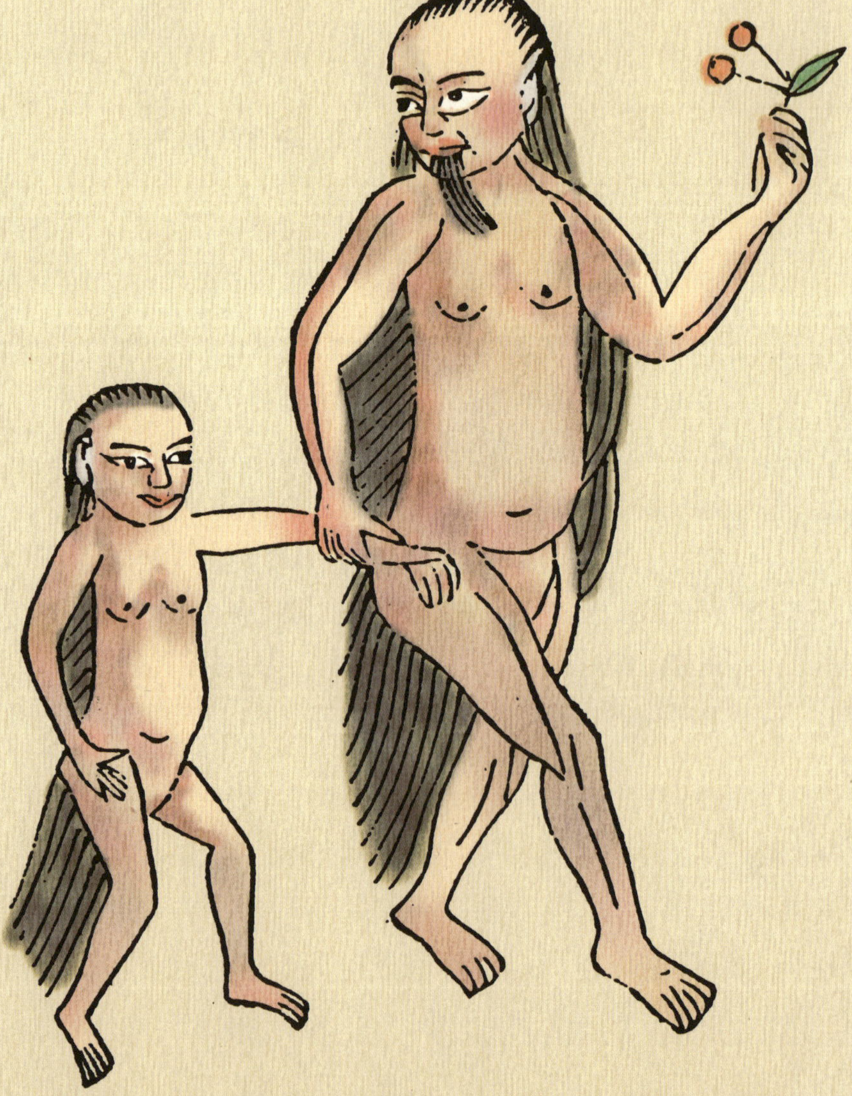

狌狌

状如禺而白耳，伏行人走，出招摇山。

出自《山海经·南山经》。

狌狌又叫做猩猩。外形像长毛猿，长有一对白耳，既能匍匐爬行，也能直立行走。据说吃了狌狌的肉，人就可以跑得非常快。

王充《论衡·是应》："狌狌知往，干鹊知来。"就是说，狌狌通晓历史，但是无法预知未发生的事情。

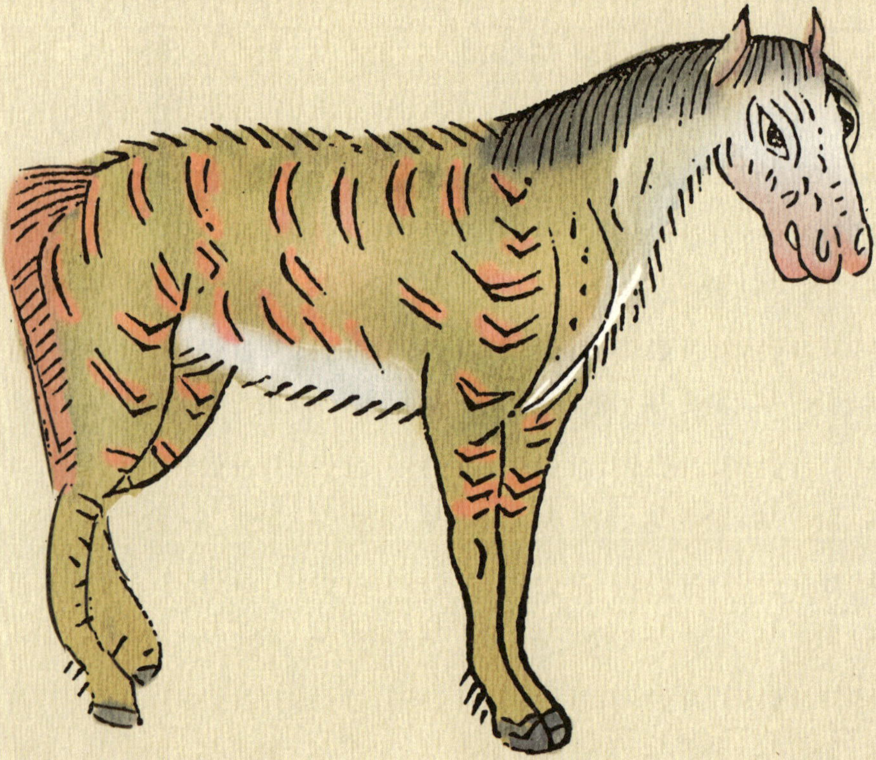

鹿蜀

状如马而白首,其文如虎而赤,
佩其皮宜子孙,出枢阳山。

出自《山海经·南山经》。

鹿蜀常在枢阳山中出没,样子像马,头部白色,身上生有虎斑,尾巴是红色的,鸣叫时就像在唱歌。据说人穿戴上它的毛皮就可以多子多孙。

郭璞在《图赞》里说:"鹿蜀之兽,马质虎文。骧首吟鸣,矫足腾群。佩其皮毛,子孙如云。"

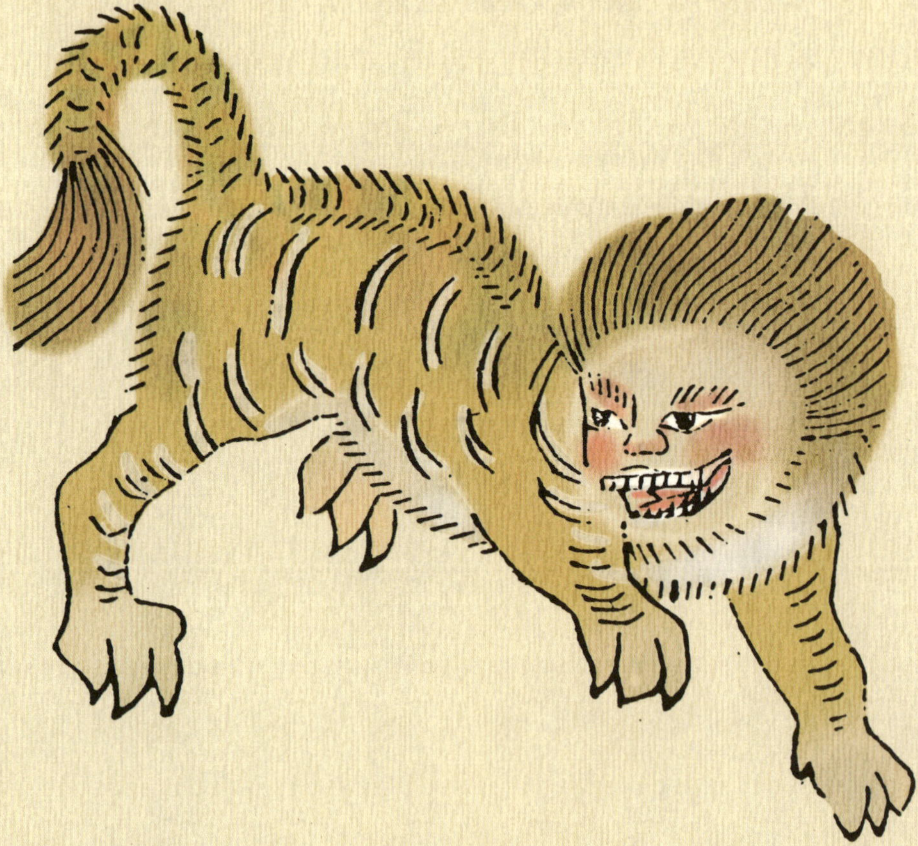

类兽

状如狸而有髦，自为牝牡，出亶爱山。

出自《山海经·南山经》。

亶爱山，山间有多条溪流，不生长植物，人们也无法攀登上去。山中有一种野兽，形状像野猫却长着像人一样的长头发，名叫类兽。它具有雄雌两种性器官，传说吃了它的肉，人就不会产生妒忌心。

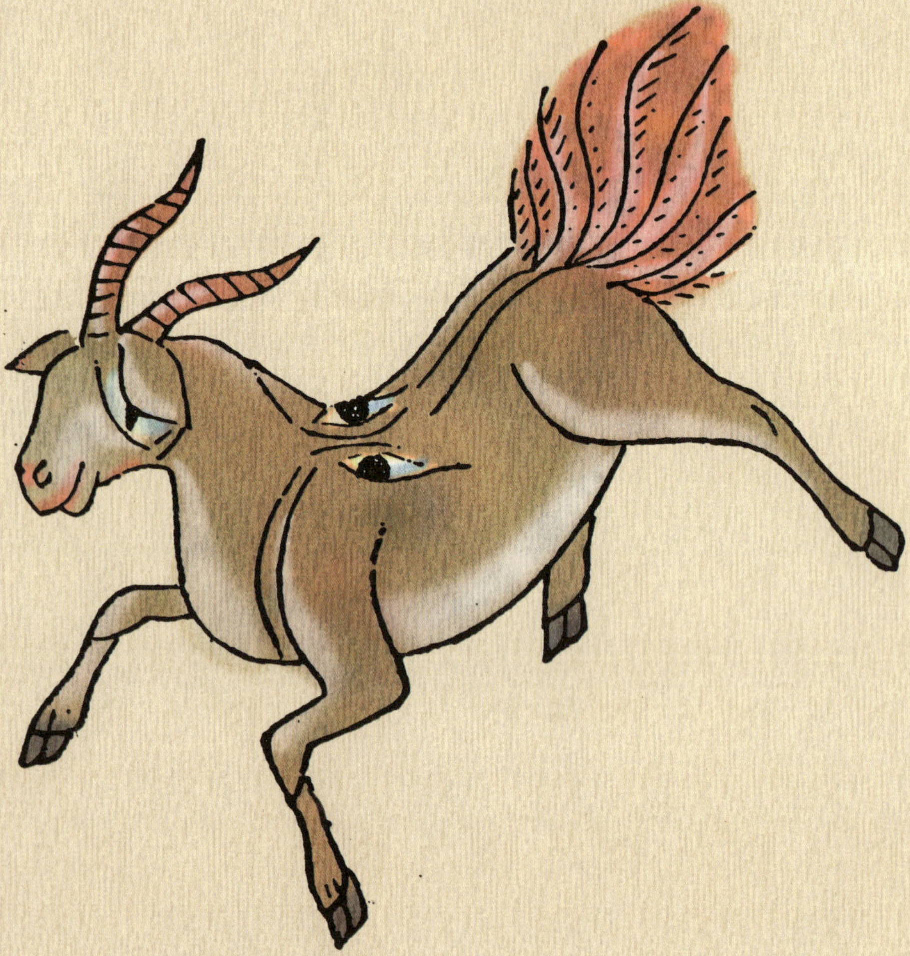

猼訑

状如羊，九尾四耳，其目在背，皆出基山。

出自《山海经·南山经》。

基山的南坡阳面盛产玉石一类的矿物，北坡阴面有很多奇异的树木。山中有一种野兽，外形像羊，长着九条尾巴和四只耳朵，眼睛生长在背部，叫做猼訑（音 bó dàn）。据说人穿戴上它的毛皮就不会产生恐惧心。

郭璞在《图赞》里说："猼訑似羊，眼反在背。视之则奇，推之无怪。若欲不恐，厥皮可佩。"

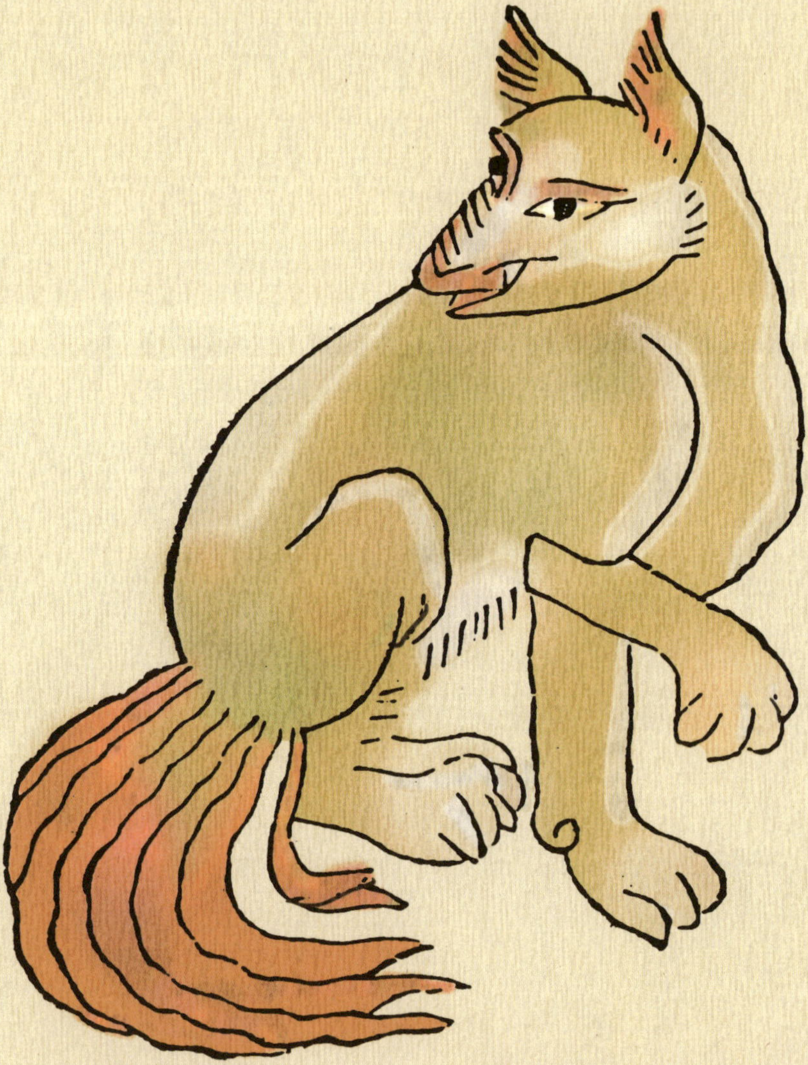

九尾狐

狐身九尾,能食人,出青丘山。

出自《山海经·南山经》。

九尾狐出没于位于朝阳谷之北、黑齿国之南的青丘山,外表像狐狸却长着九条尾巴,鸣叫声音像婴儿啼哭,食人。人吃了它的肉就能避免妖邪的毒气。

传说,世间太平时有九尾狐出现就是祥瑞。《瑞应图谱》中说:"王者不倾于色,则九尾狐至焉。"

《宋书·符瑞志》则说:"白狐,王者仁智则至。"

《孝经》援神契说:"德至鸟兽,则狐九尾。"

上古时代中的九尾狐并不总是象征着祥瑞。九尾狐在先秦时与巫术相关联,至汉代才被认为是祥瑞,象征了多子多孙、吉祥以及帝王之兆。六朝时期九尾狐的风评逐渐改变,唐代之后逐渐没落,北宋初期已经被妖魔化了。

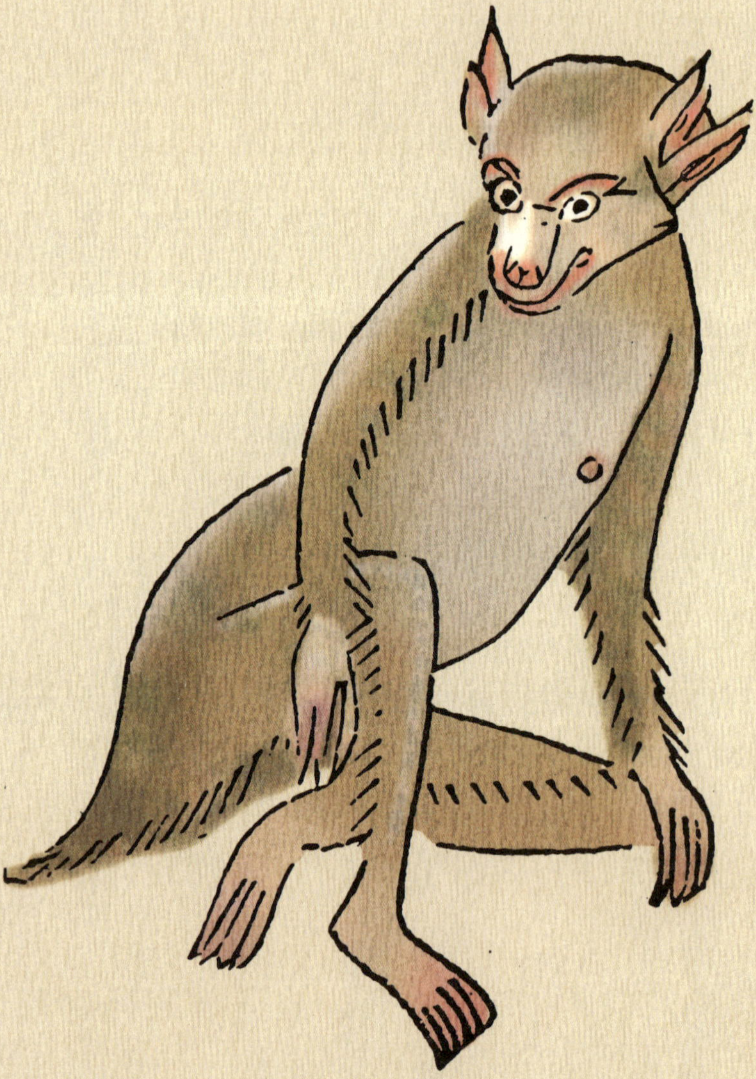

长右

状如禺而四耳，见则大水，出长右山。

出自《山海经·南山经》。

长右山没有植物，但有很多水域，山中特有一种居住于水中的动物，形状像猿猴却长着四只耳朵。其叫声如同人在呻吟，因此长右既是山的代名词，也是山中怪兽的名字。传说任何郡县一出现长右就会发生水灾。

据考证，长右山约在湖南雪峰山脉。雪峰山脉主体位于湖南中部和西部，有推测称长右就是今天人们所说的短尾猴。

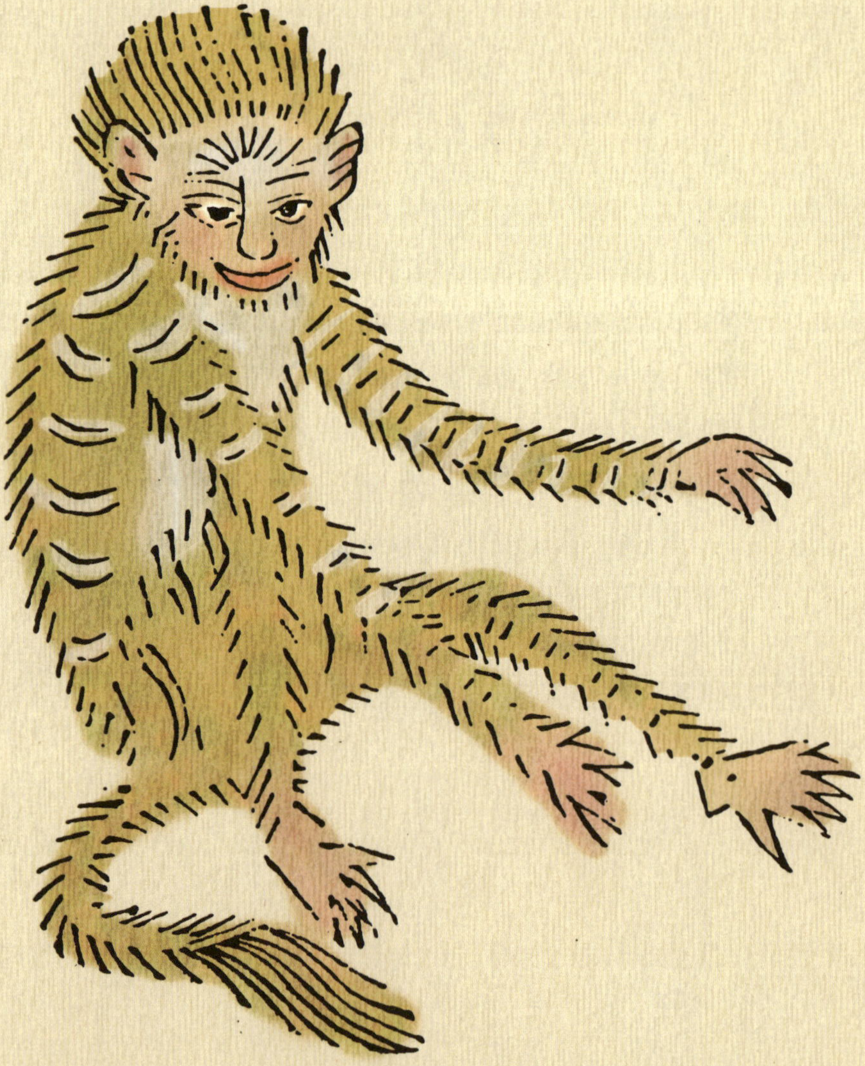

猾裹

状如人而彘鬣，音如斫木，
见则其县有大繇，出尧光山。

出自《山海经·南山经》。

尧光山中有一种野兽，形状像人却长有猪那样的鬣毛，冬季居住在洞穴中，名称是猾裹（音 huái）。它的叫声像砍伐木头时发出的响声，哪里出现猾裹，哪里就会有劳役之灾。

《中国古代动物学史》中标注：猾裹为貊的亚种。貊为食肉目，似狐狸，体小而粗肥，生性迟钝。

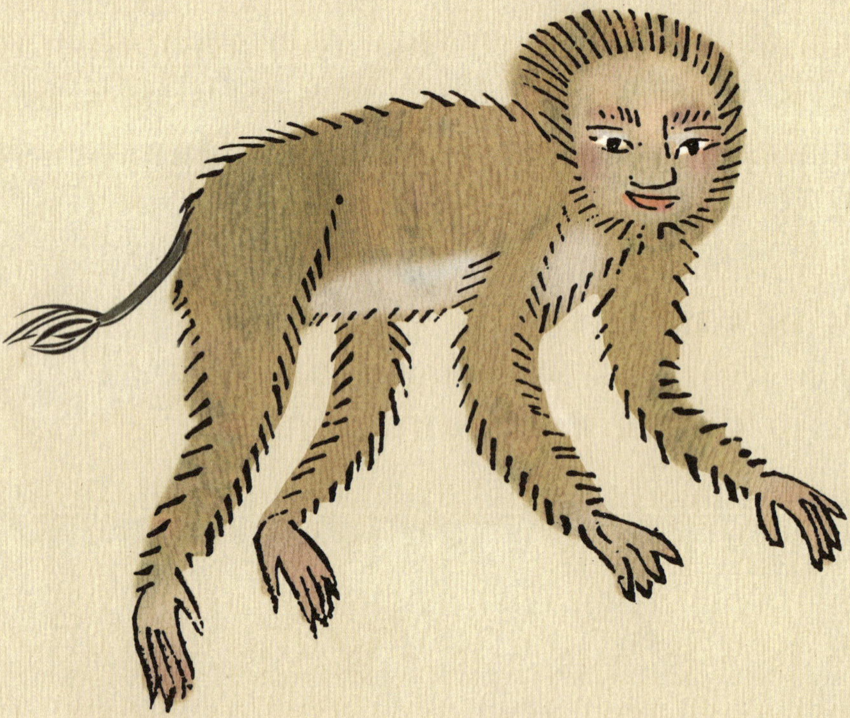

彘

状如虎而牛尾，音如吠犬，是食人，出浮玉山。

出自《山海经·南山经》。

彘（音 zhì）长着牛的尾巴，发出的叫声如同狗叫，能吃人，出没于浮玉山。

彘本指大猪，后泛指一般的猪。

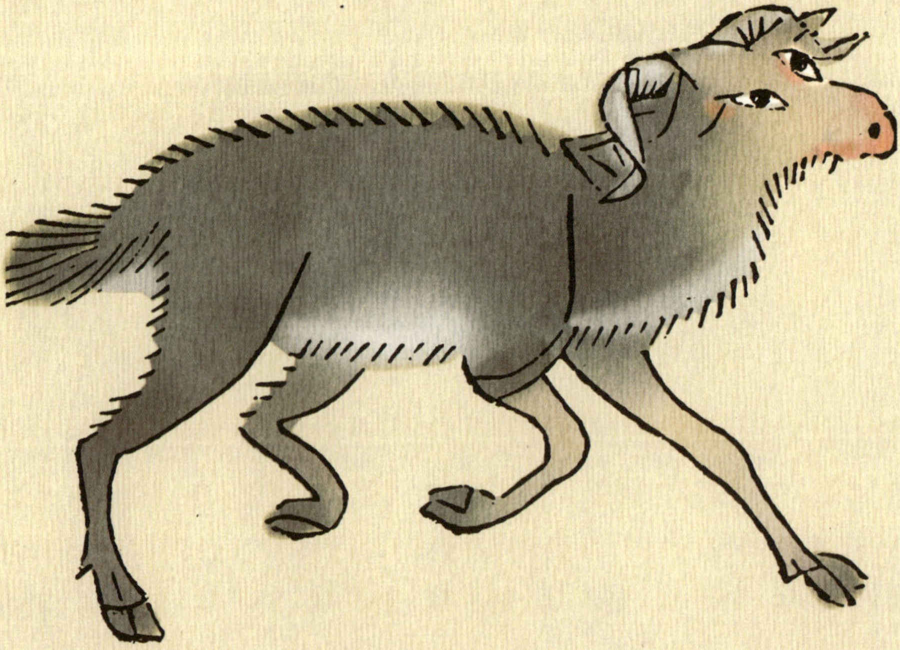

䍺

状如羊而无口,出洵山。

出自《山海经·南山经》。

洵山中有一种名叫䍺(音 huán)的野兽,体形和普通的羊一样,但是没有嘴,不吃不喝也能生存。所以䍺的表情永远是高傲、不可一世的样子。

有人猜测䍺可能就是高鼻羚羊。高鼻羚羊耐渴,在有青草吃的情况下能长期不饮水,只在缺乏青草的时候才寻找水源。高鼻羚羊在发情期间,雄性的鼻子膨胀起来,无法进食,这一特性与䍺相似。

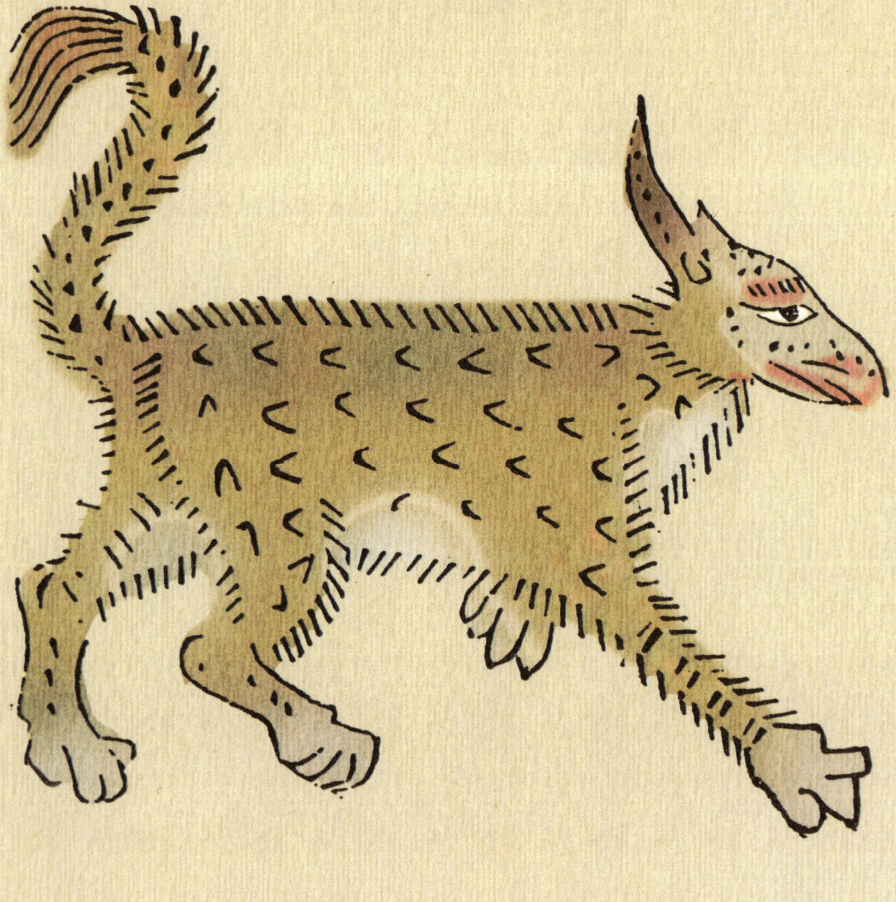

蛊雕

状如雕而有角,是食人,出鹿吴山。

出自《山海经·南山经》。

鹿吴山上没有花草树木,但有丰富的金属矿物和玉石。泽更水从这座山发源,然后向南流入滂水。

水中有一种野兽,鸟非鸟,名称是蛊雕。这种兽像普通的雕鹰,却头上长角,叫声如同婴儿啼哭,能吃人。

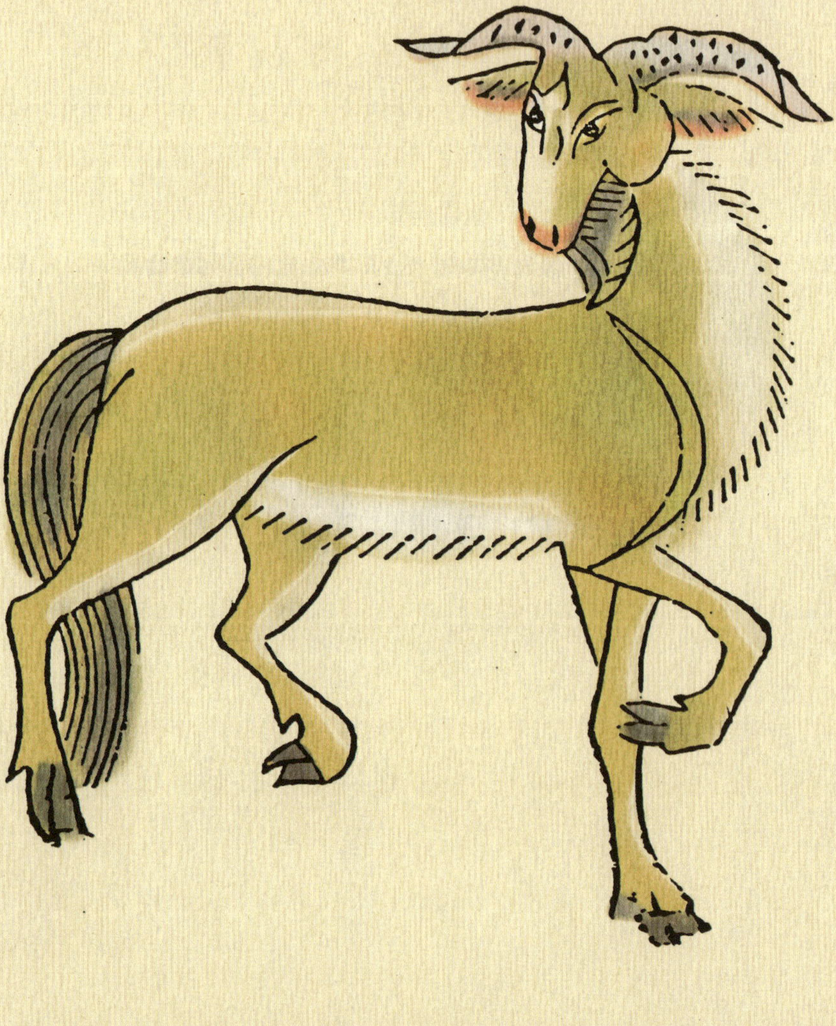

羬羊

状如羊而马尾，出钱来山。

出自《山海经·西山经》。

羬（音 qián）羊是古代神话传说中的一种怪兽，在钱来山上长居，外形像羊，却长着马的尾巴。据记载，它的油脂可以用来滋润干裂的皮肤。

《中国古代动物学史》注其为捻角山羊。

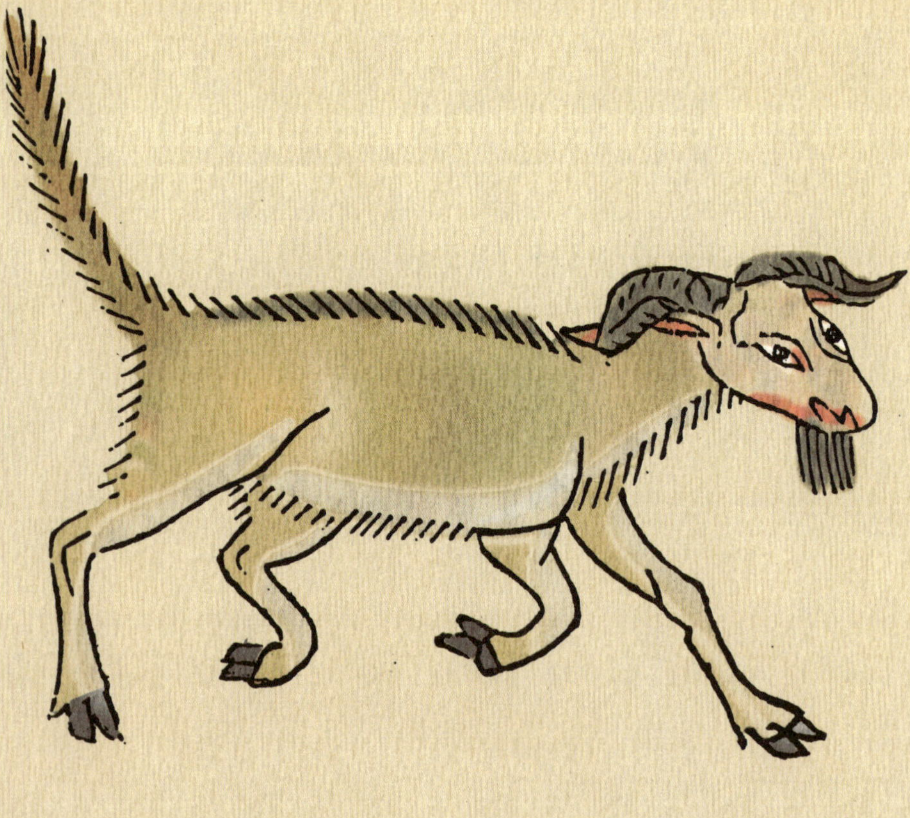

葱聋

状如羊而赤鬣,出符禺山。

出自《山海经·西山经》。

符禺山中的野兽大多是葱聋,外形像普通的山羊,却长有红色的鬣毛。《康熙字典》中解说:"葱聋,如羊,黑首赤鬣。"

据《中国古代动物学史》注,此为藏羚羊。

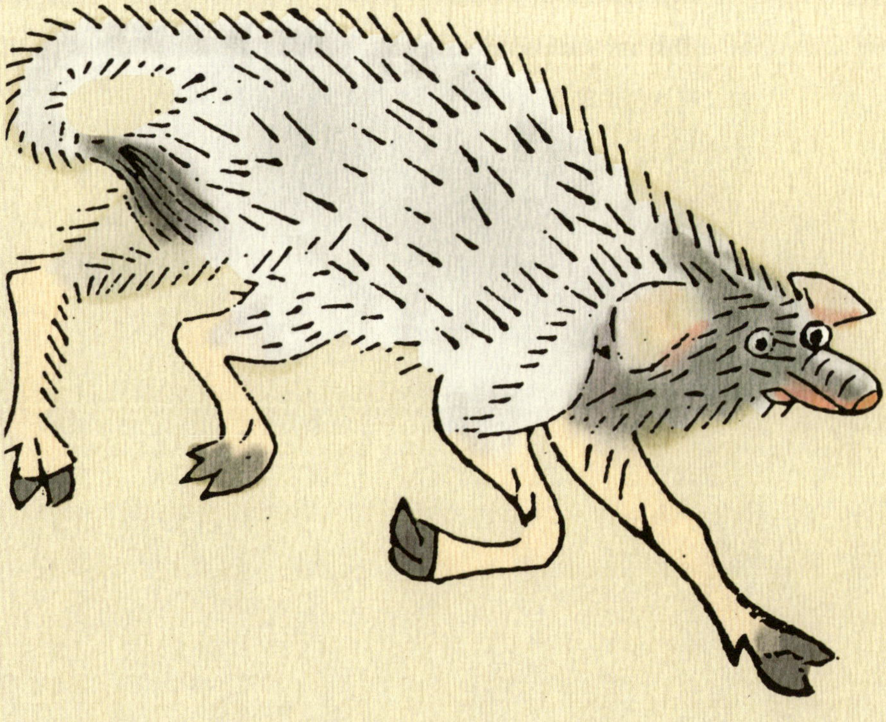

豪彘

其状如豚白毛，大如笄而黑端。出竹山。

出自《山海经·西山经》。

豪彘是中国古代传说中的动物，即豪猪，俗称箭猪。出没于竹山，形状像小猪却长着白色的毛，毛发如簪子粗细，尖端呈黑色。

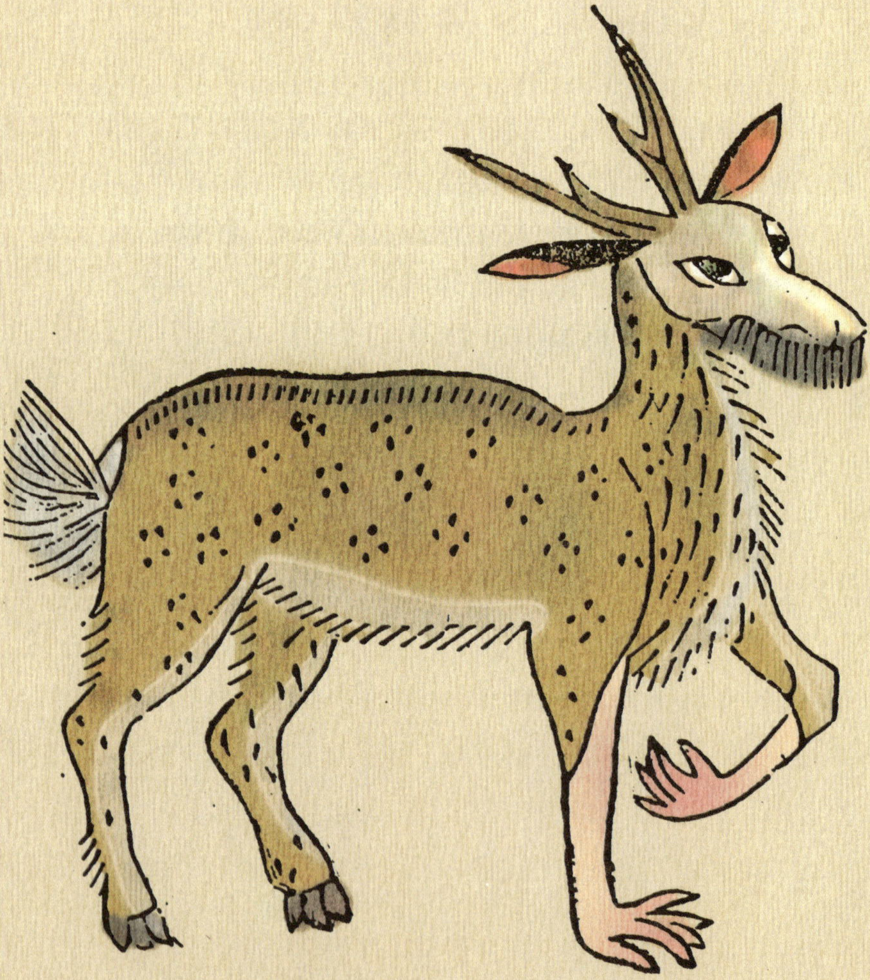

玃如

状如鹿而白尾，马足人手四角。出皋涂山。

出自《山海经·西山经》。

皋（音 gāo）涂山有一种怪兽，形状像普通的鹿，却长着白色的尾巴，马一样的后脚，人手一样的前脚，又有四只角，名字叫玃（音 jué）如。吃它的肉，可治愈人脖子上的赘瘤。

《中国古代动物学史》注此兽为四角羚羊。

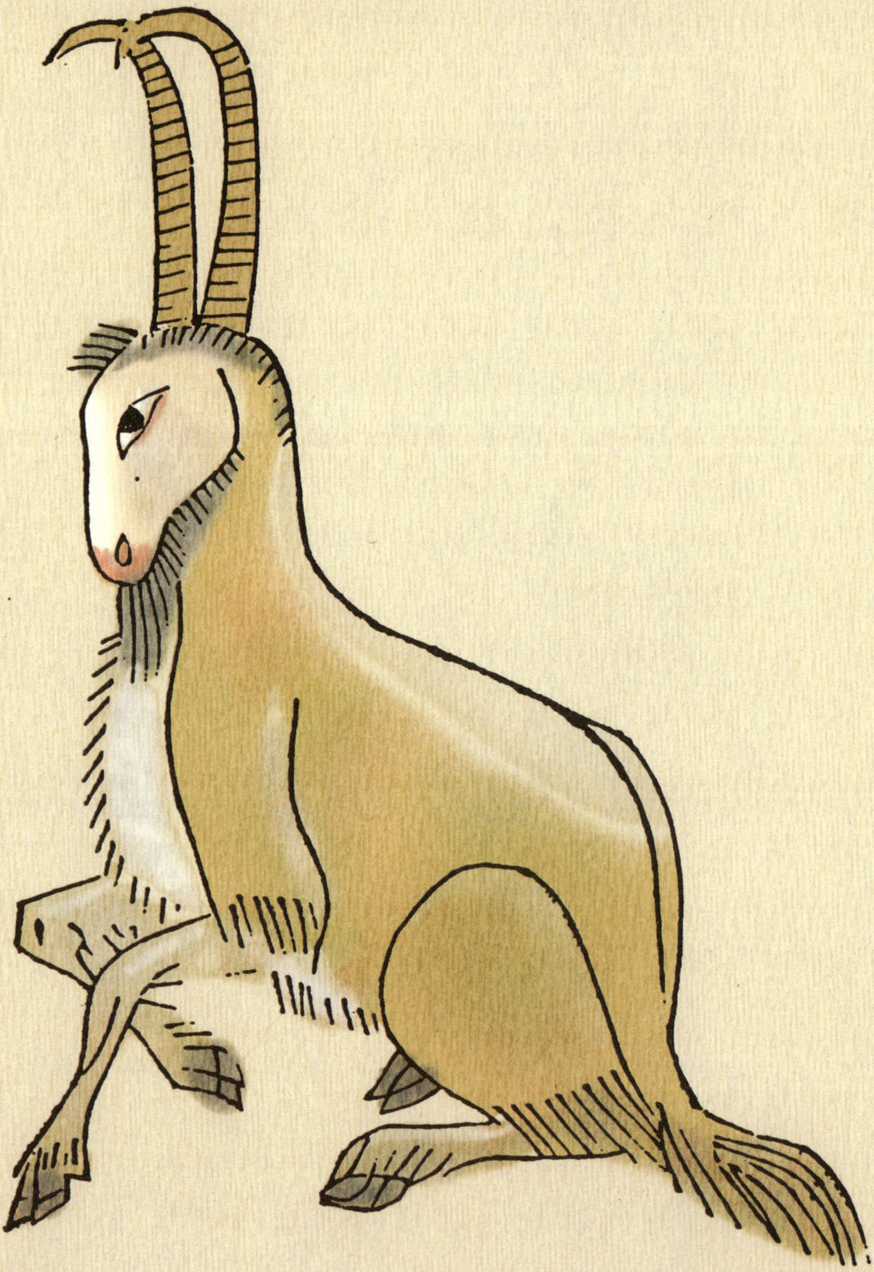

麢羊

似羊而犬细，角有圆，猲麐交夜则悬角木上以防，患翠山多此兽。

出自《山海经·北山经》。

麢（音 líng）羊常出没于患翠山，是一种具有敏锐觉察力的灵兽。它们喜欢独居，天生善于奔跑。晚上休息时，麢羊会把角挂在树枝上，甚至是卧在树上过夜，以躲避天敌。所以又被人称为悬鹿。

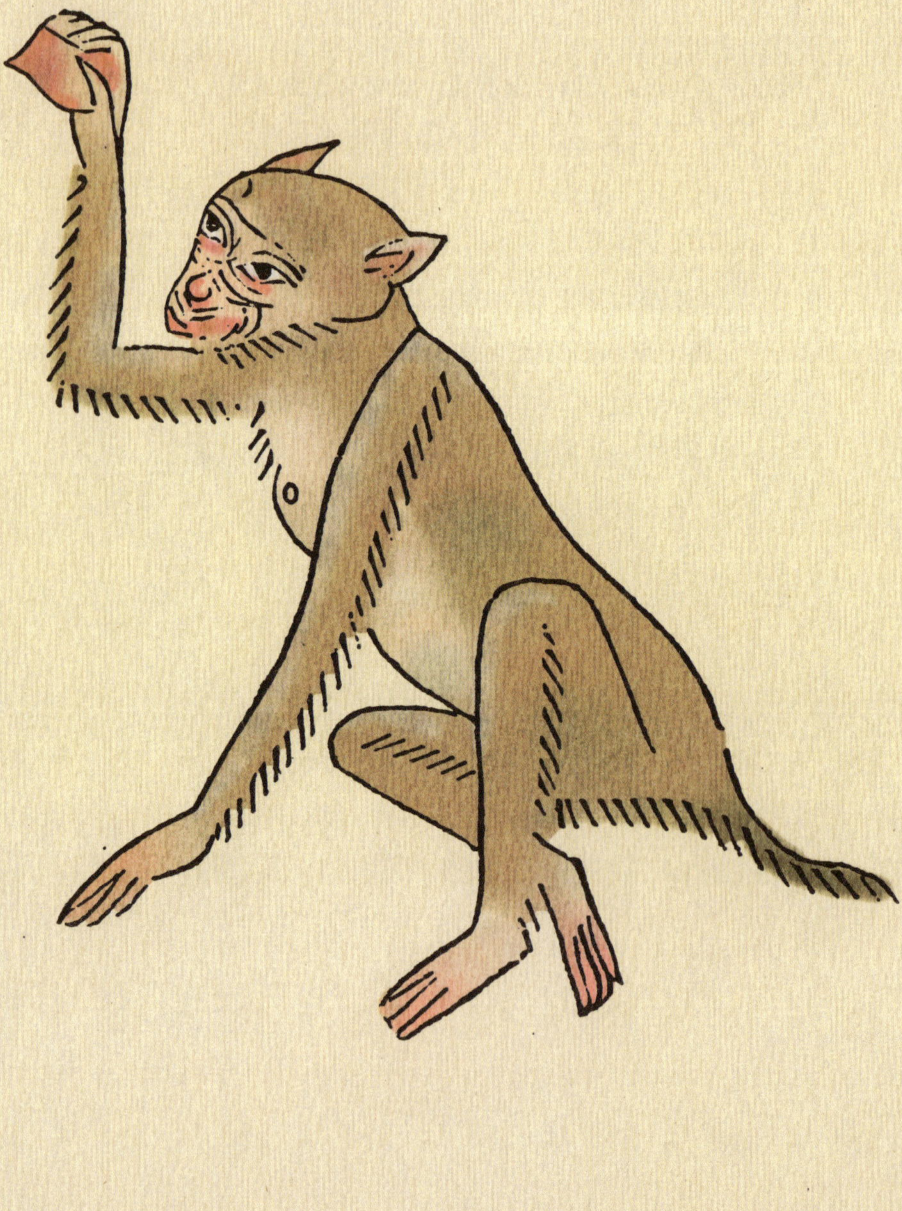

举父

状如禺，文臂，善投，出崇吾山。

出自《山海经·西山经》。

举父是崇吾山的怪兽，样子像猿猴，臂膀上长有毛纹，尾巴像豹子，善于投掷石头。虎豹之类的野兽都很害怕它。它还有抚摸自己头的习惯。

有人认为，举父就是古代神话中的夸父，夸父形象其实是猴子。

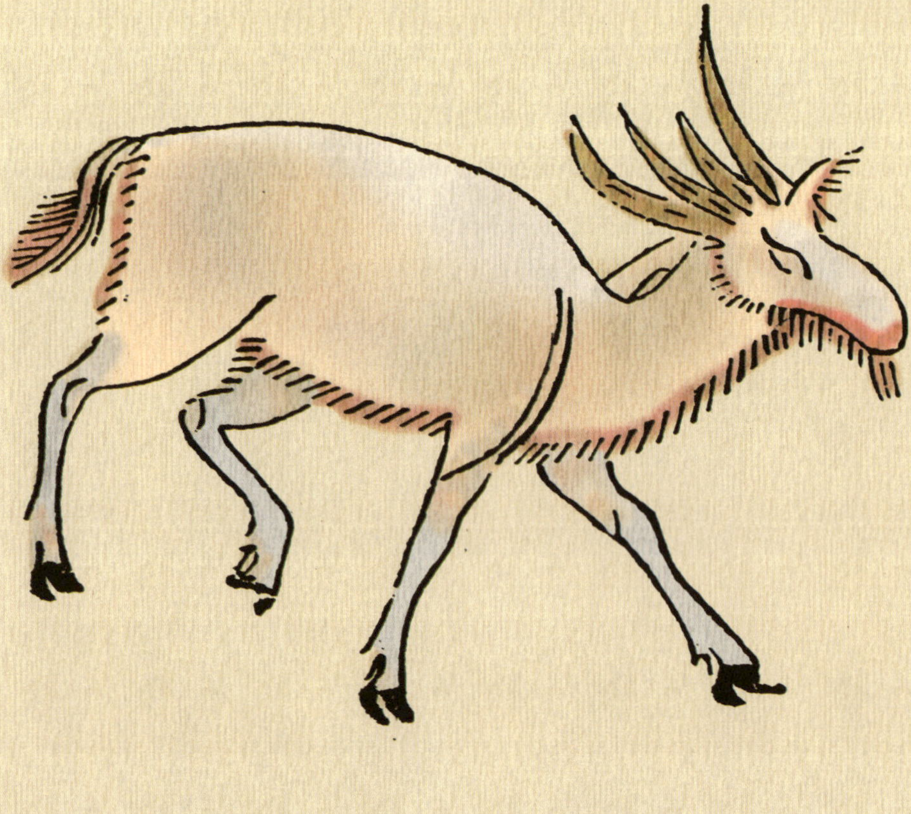

土蝼

状如羊，四角，是食人，出昆仑之丘。

出自《山海经·西山经》。

土蝼（音 lóu）出没于昆仑丘，长着四只角，这种像羊的怪兽会主动伤害人。

郭璞《土蝼兽钦原鸟》："土蝼食人，四角似羊。"《中国古代动物学史》注此兽的原型为猞猁。古时候，人们认为猞猁会威胁家畜，还是魔鬼的象征。

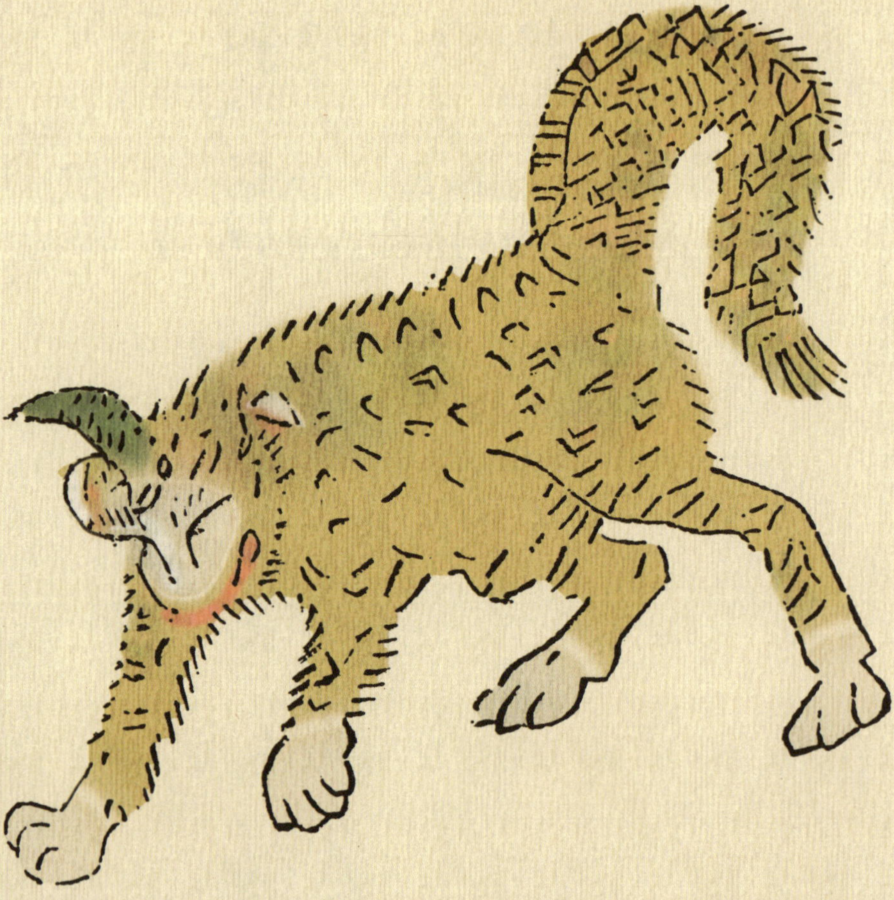

狰

状如赤豹，五尾一角，其音如击石，出章莪山。

出自《山海经·西山经》。

章莪（音é）山上没有花草树木，到处是瑶、碧一类的美玉。山里常常出现十分怪异的物象。山中有一种叫狰的怪兽，形状像赤豹，长着五条尾巴和一只角，发出的声音如同敲击石头的响声。

我们通常形容恶人会用"面目狰狞"这个成语，那狰狞是什么呢？其实"狰狞"就是出自《山海经》记载的两只恶兽。雄性为狰，雌性为狞。

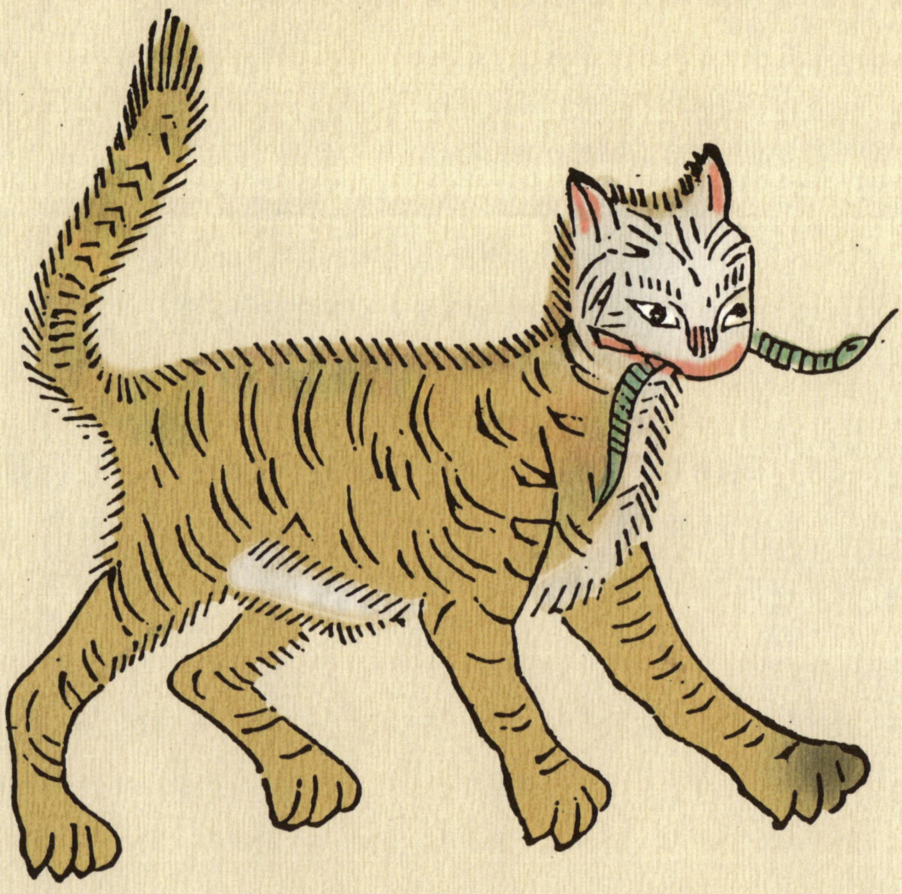

天狗

状如狸而白首,出阴山。

出自《山海经·西山经》。

天狗,中国古代神话传说中的一种动物。常常出没于阴山,外形像野猫却是白脑袋,发出的叫声与"榴榴"的读音相似。人在家宅中饲养它可以辟凶邪之气。

天狗是御凶的吉兽,很可能是某种古代真实存在过的哺乳类动物。后来天狗这一形象逐渐演变为彗星和流星的代称。古人将天空奔星视为不吉利的事情,所以天狗也变成了凶星的称号。

《史记·天官》载:"天狗状如大奔星,有声,其下止地类狗,所堕及炎火,望之如火光,炎炎冲天。"

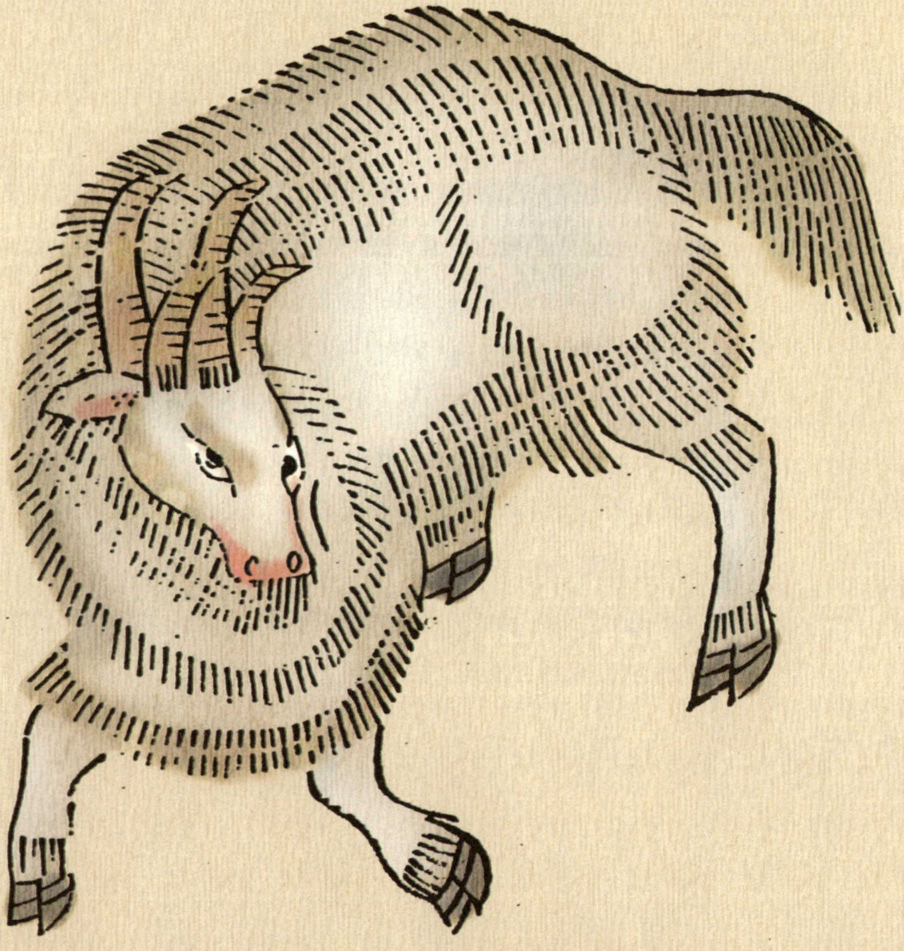

獙𩣡

状如牛，白身四角，其毫如被蓑，
是食人，出三危山。

出自《山海经·西山经》。

三危山上的怪兽獙𩣡（音 áo yīn）样子像牛，身子是白色的，并长着四只角。它的皮毛很长，好像农人披的蓑衣，是一种食人的野兽。

据考证，这种动物很可能是白牦牛。

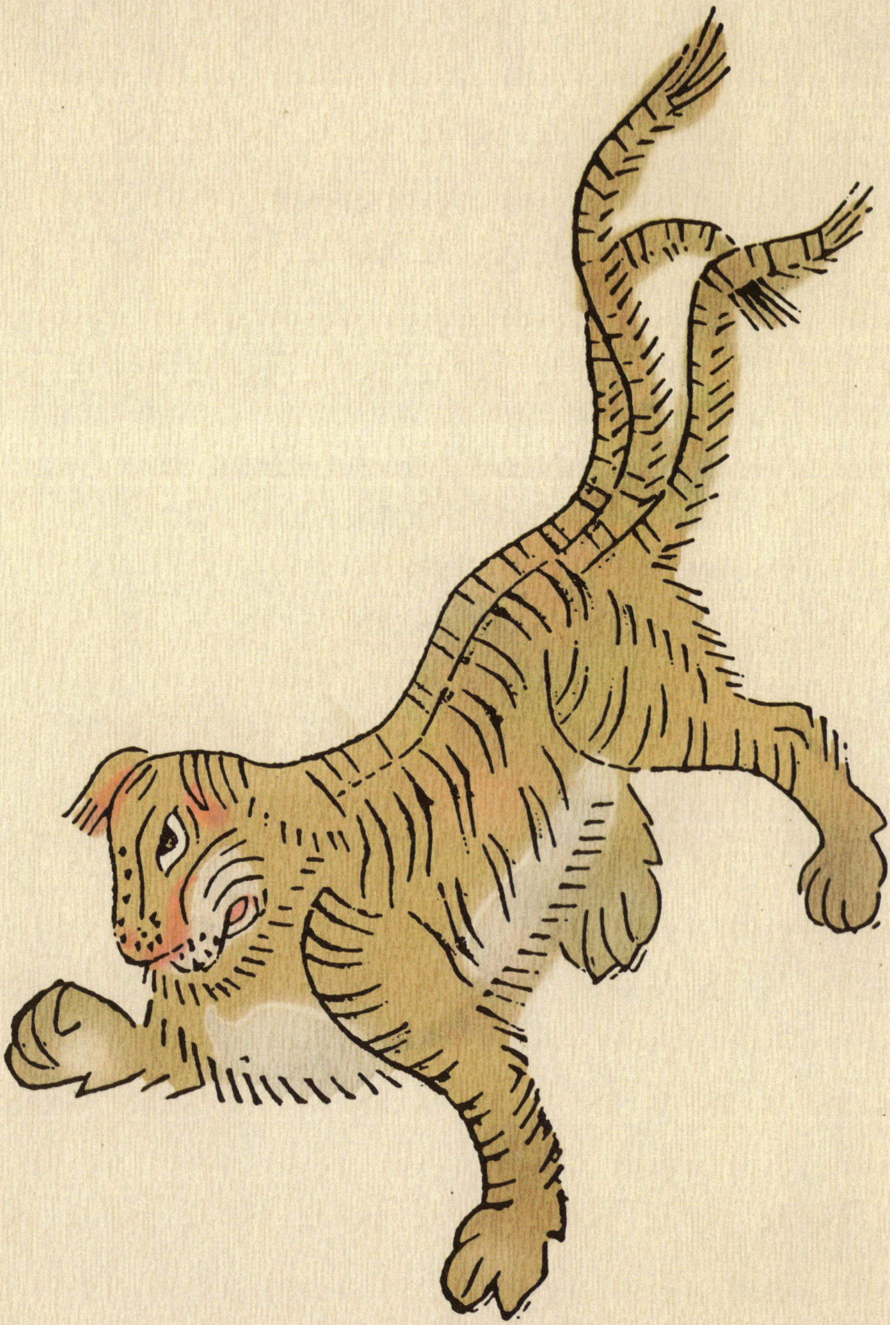

讙

状如狸,一目三尾,出翼望山。

出自《山海经·西山经》,

讙(音 huān)兽出没于翼望山,样子像狸猫,体格娇小,只有一只眼睛,但有三条尾巴。它可以模仿上百种动物的叫声,饲养它可以辟凶邪之气。据说人吃了它的肉就能治好黄疸病。

遇上智慧的人类它就倒霉了:肉可以入药,你还能跑掉?

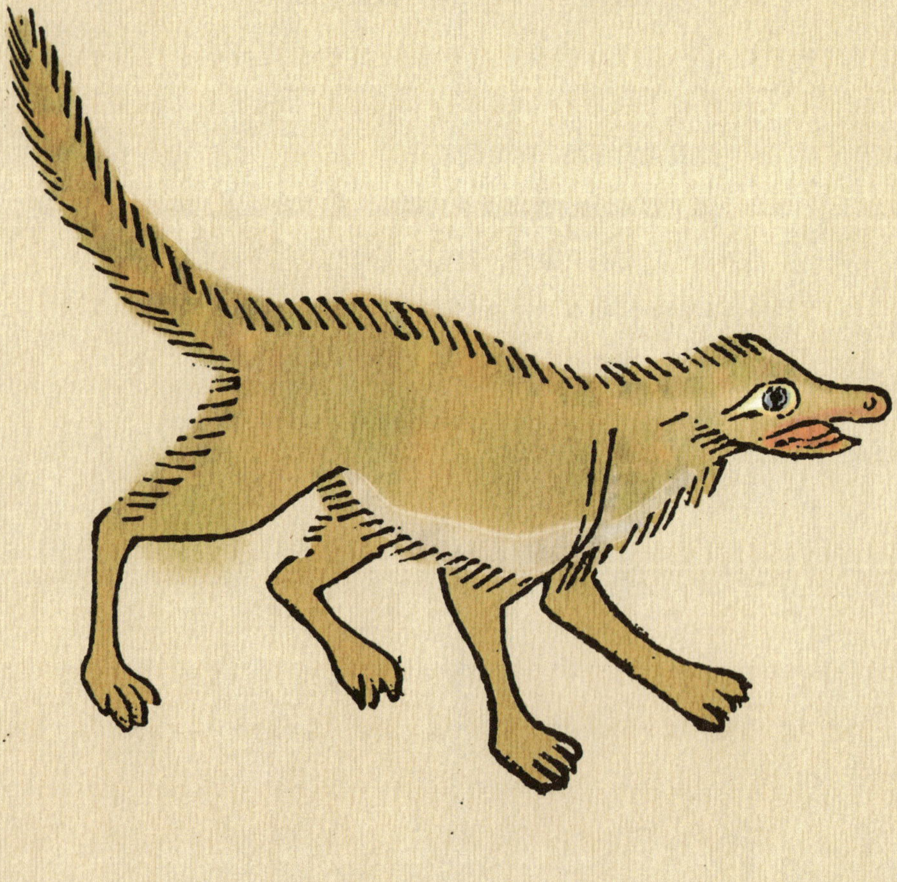

蛮蛮

鼠身鳖（音 biē）首，音如吠犬。出刚山。

出自《山海经·西山经》。

刚山有很多蛮蛮，外形像普通的老鼠却长着甲鱼的脑袋，发出的声音如同狗叫。蛮蛮属于水獭一类的野兽，有人结合它的特征称它为鼠龟狗。

另外，比翼鸟在《山海经》中也被称之为"蛮蛮"："崇吾之山，有鸟焉，其状如凫，而一翼一目，相得乃飞，名曰蛮蛮，见则天下大水。"

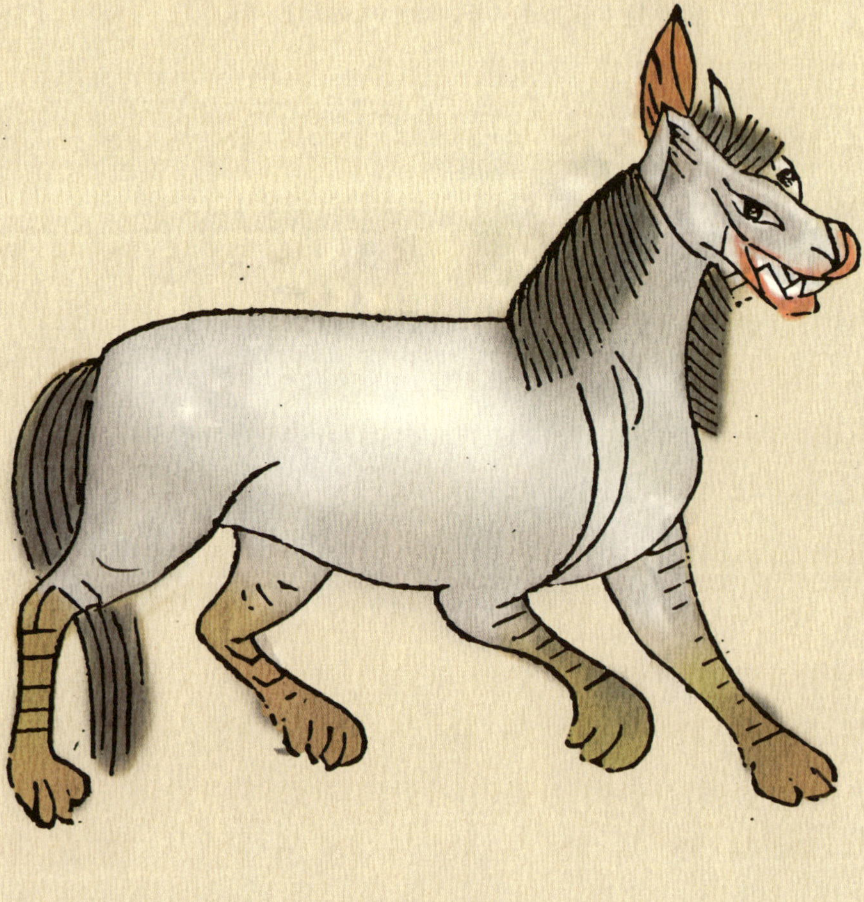

驳

状如马面，白身黑尾，一角，虎牙爪，
音如鼓音，是食虎豹，出中曲山。

出自《山海经·海外北经》和《山海经·西山经》。

驳兽出于中曲山，形状像普通的白马，却能吃老虎和豹子，长着一条黑尾巴，头上有一只角，有老虎般锋利的牙齿和爪子。发出的声音如同击鼓的响声，人们饲养它用以抵御敌人的进攻。

传说，一次齐桓公骑着马外出，老虎看见马吓得趴在地上。桓公不解。管仲说："您这匹杂色骏马外形很像驳，驳是能吃老虎豹子的异兽，所以老虎被吓住了。"这就是成语"驳马虎疑"的来由。

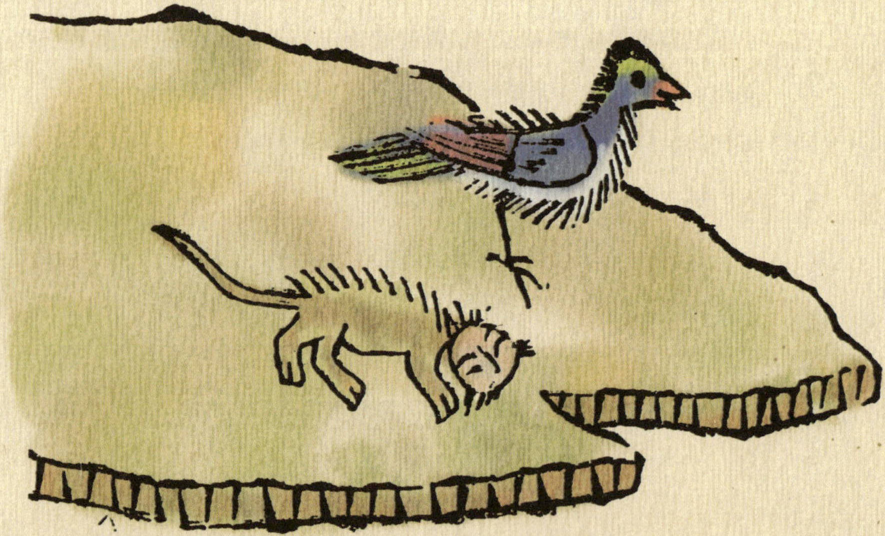

鸟鼠同穴

鸟名鵌，鼠名鼵，共处一穴，在今渭原县。

出自《山海经·西山经》。

鸟鼠山在渭原县，就是《山海经》中提到过的"鸟鼠同穴"之山。鸟是指鵌（音 tú），鼠是指鼵（音 tū），它们共同居住在一个入地三四尺的洞穴中。老鼠负责在里面打洞，鸟儿为其站岗放哨，彼此相处和谐。鸟儿有时站在鼠背上，啄食老鼠身上的寄生虫。

鸟鼠山是中国文献记载最早的名山之一，也是渭河的发源地。

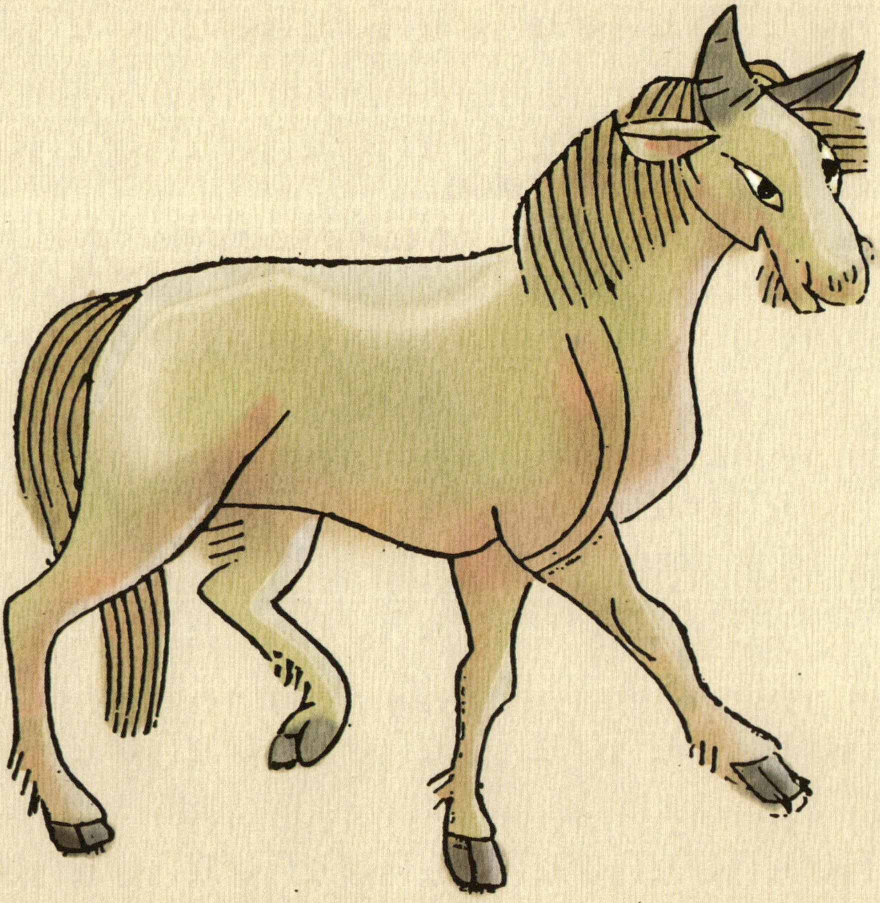

䑏疏

状如马，一角有错，可以辟火，出带山。

出自《山海经·北山经》。

䑏疏（音 huān shū）生活在带山，外形像马，长着一只磨刀石一样的角。把它养在身边可以躲避火灾，可以分金错石，是辟火神兽。

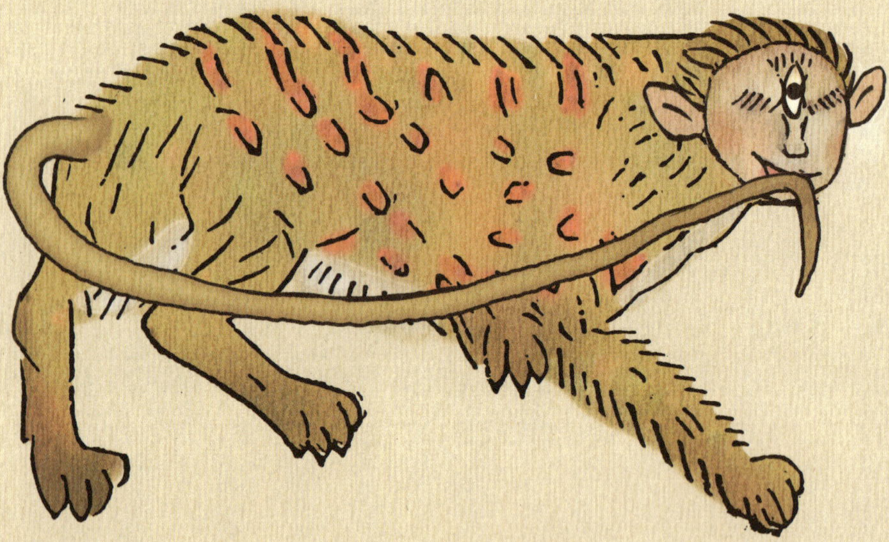

诸犍

状如豹而长尾，人首牛耳一目，行则衔其尾，居则蟠其尾，出单张山。

出自《山海经·北山经》。

单张山上有一种野兽，形状像豹子，拖着长尾巴，有人的脑袋和牛的耳朵，长着一只眼睛，名字叫诸犍（音 jiān）。这种野兽喜欢大吼大叫。因为尾巴过长，所以走路时用嘴叼着尾巴，睡觉时也会把尾巴盘起来。

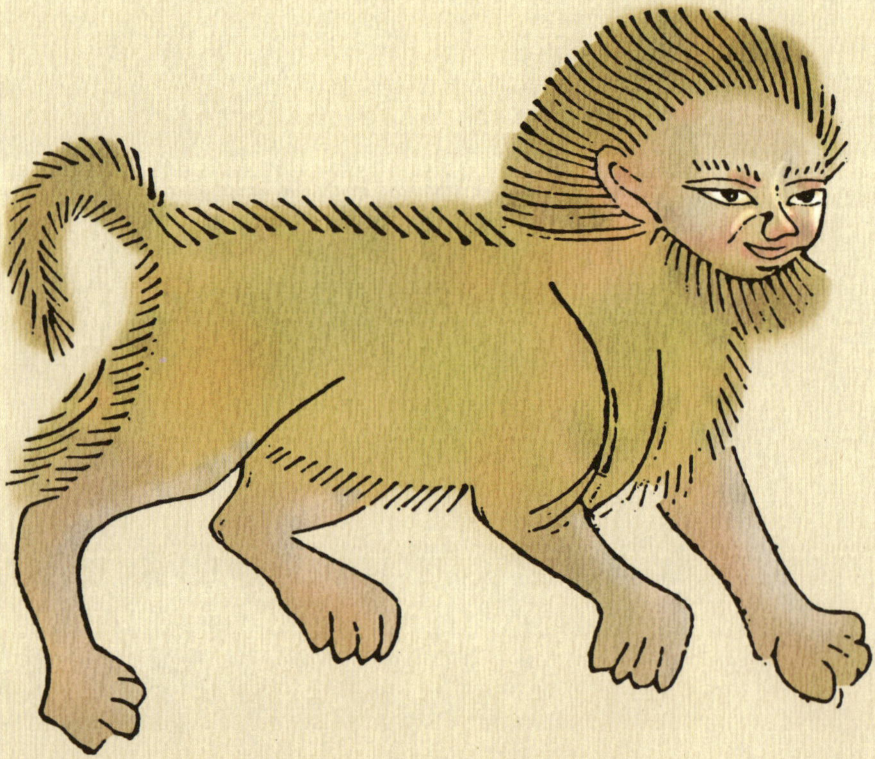

山㧙

状如犬而人面,善投,见人则笑,其行如风,
见则大风,出狱法山。

出自《山海经·北山经》。

山㧙(音 huī)生活在狱法山上,长得很奇特,犬身人面,见人就笑。它善于投掷东西,行走快如风,它出现的地方往往会刮大风。

《方舆志》记载:"狒狒,西蜀及处州山中亦有之,呼为人熊。人亦食其掌剥其皮。闽中沙县幼山有之。长丈余,逢人则笑,呼为山大人,或曰野人及山魈也。"

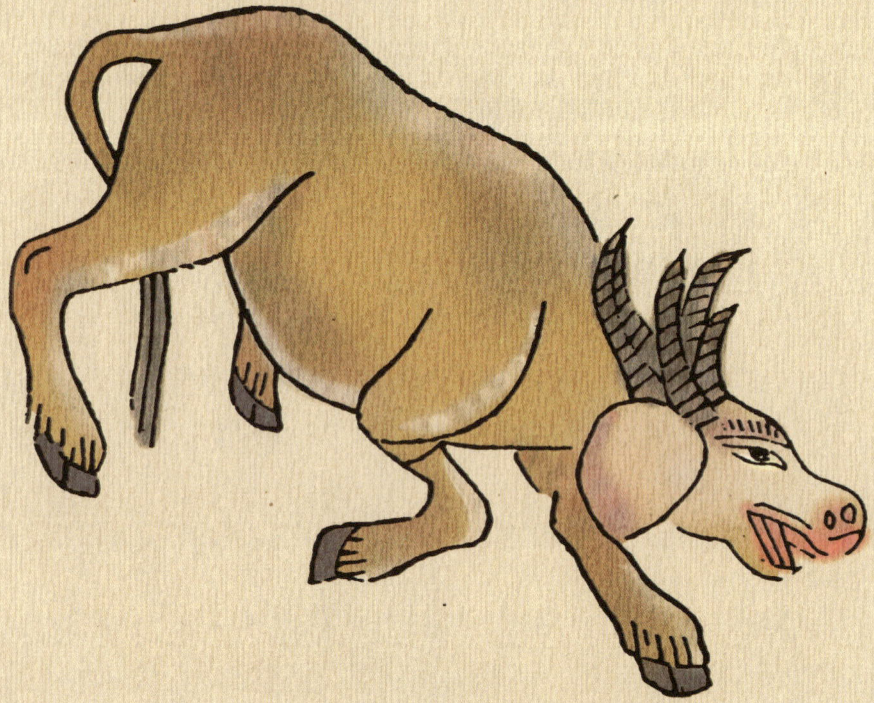

诸怀

牛形四角,人目彘耳,是食人,出北岳山。

出自《山海经·北山经》。

北岳山中有只怪兽,外形像牛,长着四只角,并有人一样的眼睛和猪一样的耳朵,名叫诸怀。它的叫声如同大雁鸣叫,能吃人。

实际上,诸怀就是野猪。它像牛一样奔走在野外,两只獠牙仿佛巨大的角一般。野猪是一种可以被人饲养的动物。

《山海经·北山经》中记载:"有兽焉,其状如牛而四角、人目、彘耳,其名曰诸怀,其音如鸣雁,是食人。"

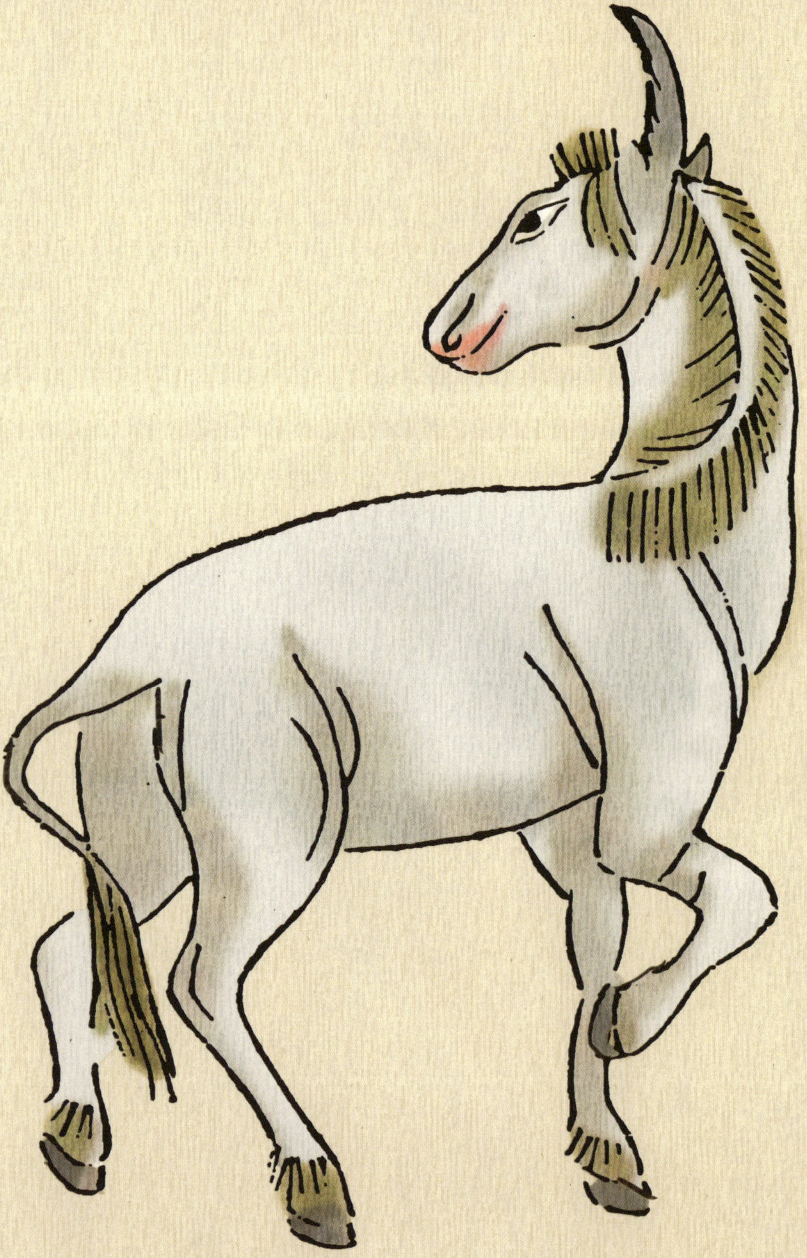

孛马

牛尾而白身,一角,出旄水中山。

出自《山海经·北山经》。

旄(音 máo)水发源于敦头山,向东流入邛(音 qióng)泽。敦头山中有很多孛(音 bèi)马,身子雪白,长着牛一样的尾巴,有一只角,发出的声音如同人在呼唤。

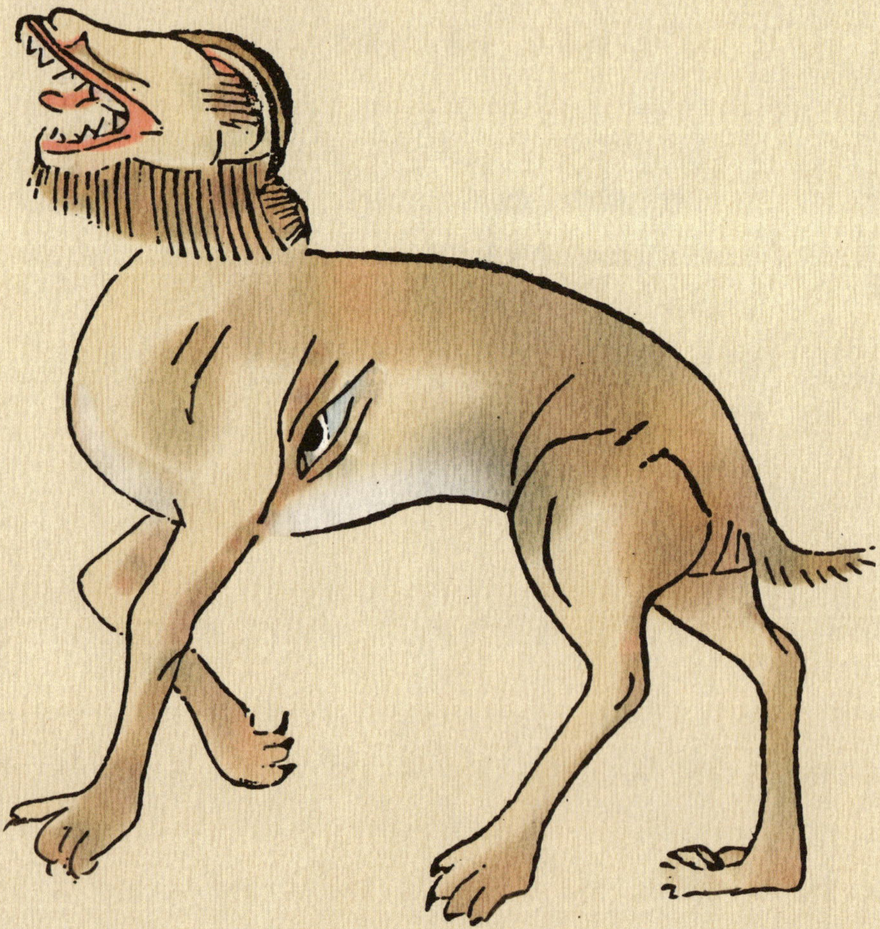

狍鸮

羊身人面，目在腋下，虎齿人爪，
是食人，出钩吾山。

出自《山海经·北山经》。

钩吾山有一种善于跑动的雕鹰，名字叫狍鸮（音 páo xiāo），又名饕餮（音 tāo tiè），外形像羊，却有人的脸孔，眼睛长在腋下。它有锋利的牙齿和似人手的爪子，叫音如婴儿啼哭，会吃人。

《史记·五帝本纪》：帝鸿氏之子"浑敦"、少皞氏之子"穷奇"、颛顼氏之子"梼杌"，以上合称"三凶"，加上缙云氏之子"饕餮"，合称"四凶"。

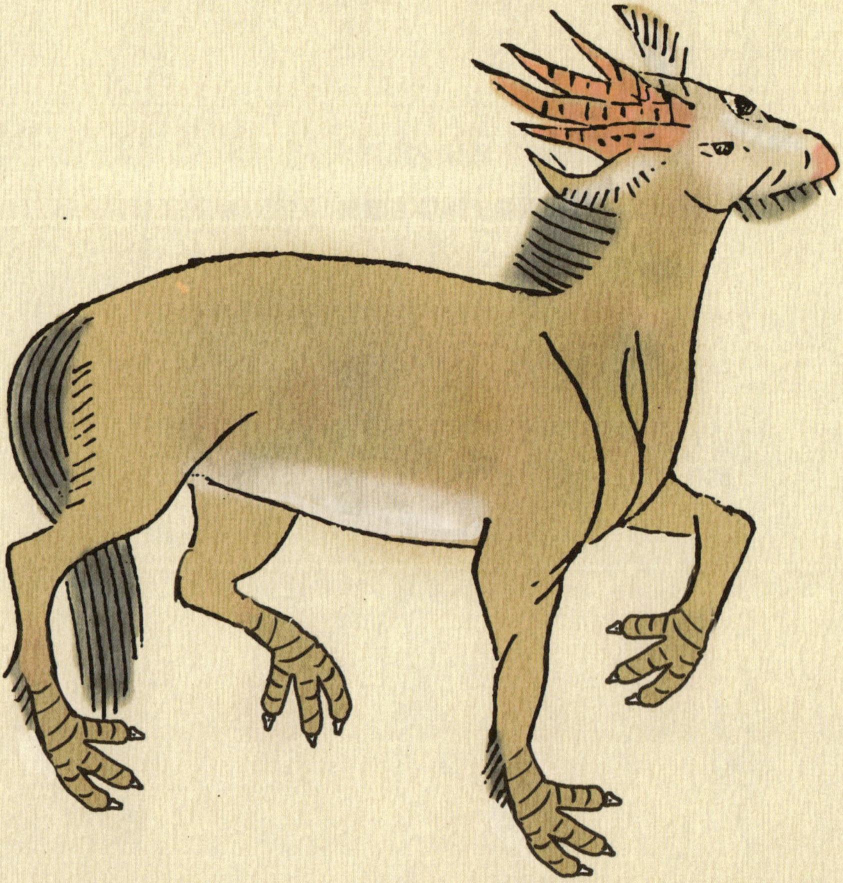

䮝

状如麢羊，四角，马尾而有距，出太行山。

出自《山海经·北山经》。

太行山中有种野兽，样子像麢羊，长着四只角，马一样的尾巴，鸡一样的爪子，名字叫䮝（音hún）。这种野兽善于旋转，叫声像是呼唤自己的名字。

有人认为，这是一种马鹿。马鹿是仅次于驼鹿的大型鹿类，共有十个亚种，因为体形似骏马而得名。

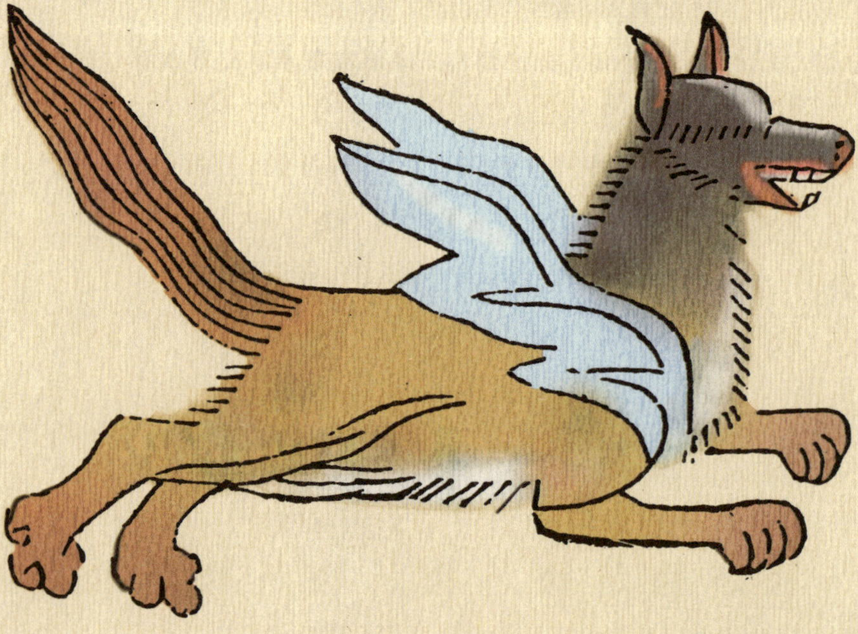

天马

状如白犬，面黑头有肉，翅能飞，出马成山。

出自《山海经·北山经》。

天马的样子像普通的大白狗，但是头部是黑色的。这种野兽一见人就会飞走，叫声像是呼唤自己的名字，住在马成山。

中国的神话中天马的形象一般是奔腾的骏马，无角无双翼。为表现天马与寻常马匹的不同，常于马下方绘制云朵，体现天马可以腾云驾雾这一特性。

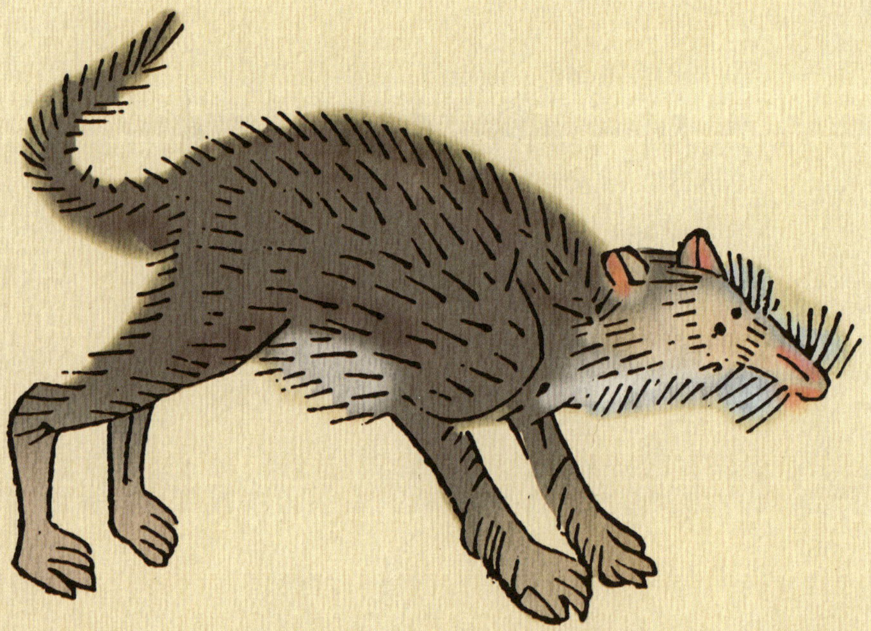

飞鼠

状如兔而鼠首,以其背飞,出天池。

出自《山海经·北山经》。

天池有一种飞鼠,形状像一般的兔子,却长着老鼠的头,借助背上的毛皮飞行。

《谈荟》云:"飞者以翼,而天池之山飞鼠以背。"

郭璞说:"用其背上毛飞,飞则仰也。"

会飞的鼠类可能只有两种,即蝙蝠和鼯鼠。据《方言》记载,"毫鼠自关东而东,谓之飞鼠,盖所指服翼也,非此"。这里的"服翼"就是蝙蝠的别称。《方言》认为《山海经》中说的飞鼠不是蝙蝠就是鼯鼠,更何况也只有鼯鼠的头才有点像兔子吧。

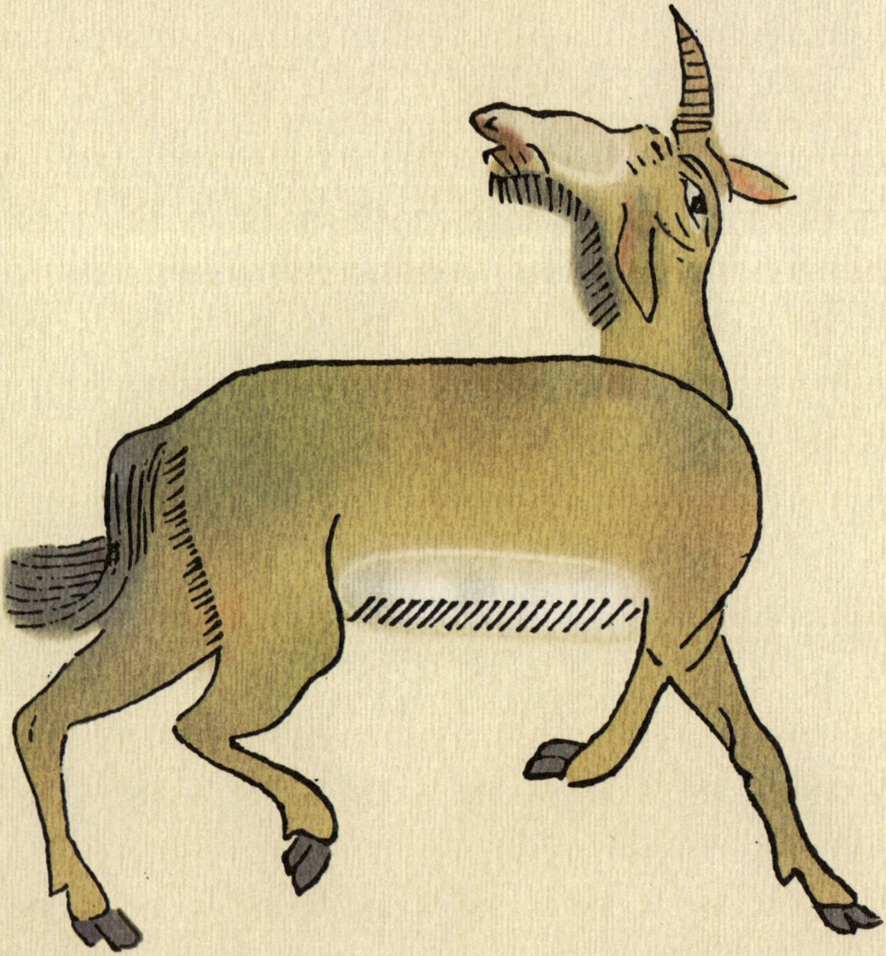

辣辣

状如羊，一角一目，目在耳后，出泰戏山。

出自《山海经·北山经》。

辣辣（音 dòng）出自泰戏山，样子像羊，有一角一目，目在耳后，其叫声像是在呼唤自己的名字。

辣辣是兆岁丰的吉祥之兽，但有时候也预示着灾祸。胡文焕说："此兽现时，主国内祸起，宫中大不祥也。"

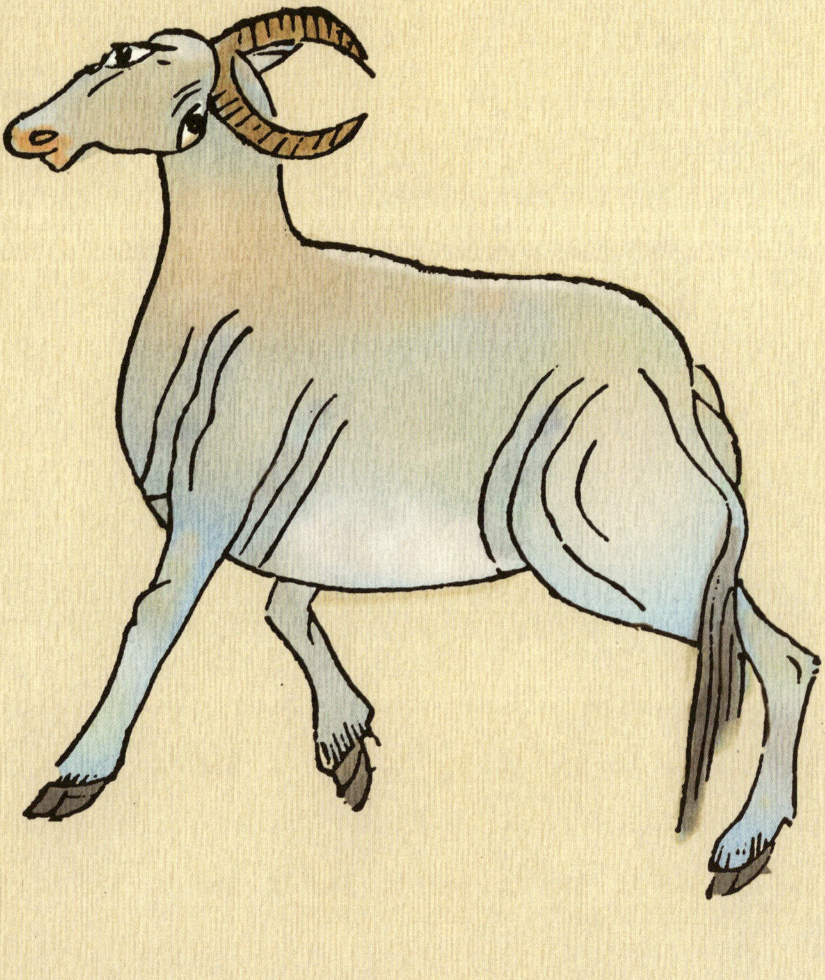

獂

牛形三足,出干山。

出自《山海经·北山经》。

獂(音 huán),山海经中记载的一种兽,生活在干山上,外形像牛,长有三足,其叫声就像是在呼唤自己的名字。

有人认为,獂就是原牛,是一种体形庞大、力大无比的牛,杂食性动物,目前已绝种。

— 154 —

羆

状如麋，其川在尾上，出伦山。

出自《山海经·北山经》。

伦山有一种野兽，样子像麋鹿，肛门长在尾巴上，名叫羆（音 pí），又称作"羆九"。

郭璞《图赞·羆九兽》："窍生尾上，号曰羆九。"

《儒林外史》第三十八回："郭孝子举眼一看，只见前面山上蹲着一个异兽，头上一只角，只有一只眼睛，却生在耳后，那异兽名为'羆九'。"

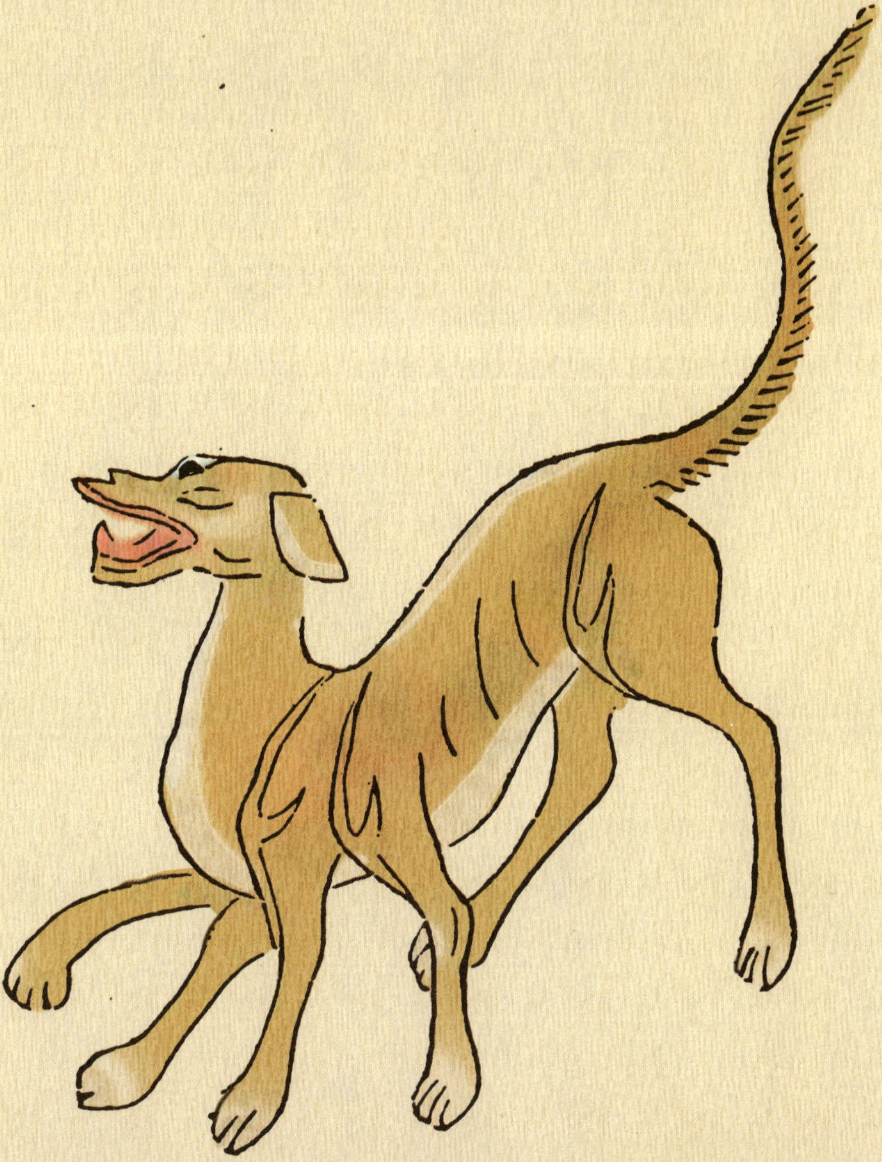

从从

状如犬而六足,出枸状山。

出自《山海经·东山经》。

枸(音 xún)状山中栖息着一种名叫从从的吉兽,外形像普通的狗,却长着六只脚。它发出的叫声就像在呼唤自己的名字。

据说只有当皇帝体恤百姓、政治清明时,这种叫从从的吉兽才会出现。

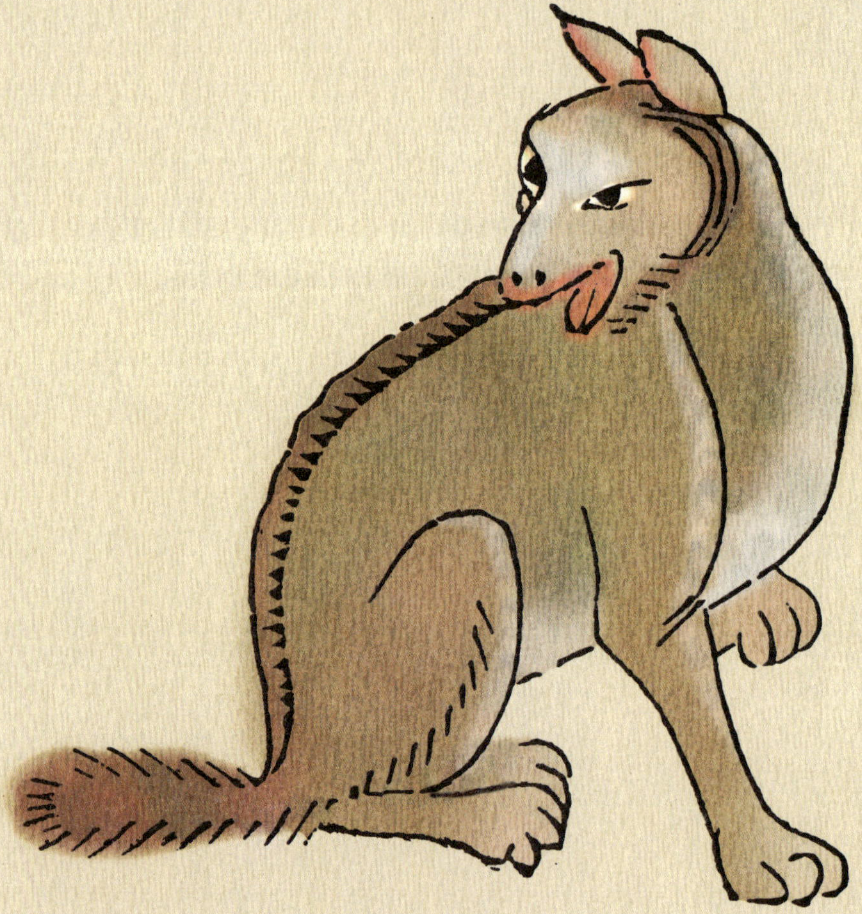

朱獳

状如狐而鱼翼，见则其国有恐。出耿山。

出自《山海经·东山经》。

耿山没有花草树木，到处是水晶石，还有很多大蛇。山中有一种野兽，长得像狐狸，背部却生有鱼鳍，名字叫朱獳（音 nòu），发出的叫声像呼唤自己的名字。它在哪里出现，哪里就会人心惶惶。

"朱獳"是一种水獭的叫声发音，因先秦时代的兽类没有定名，有一部分兽便是根据叫声而称谓的。

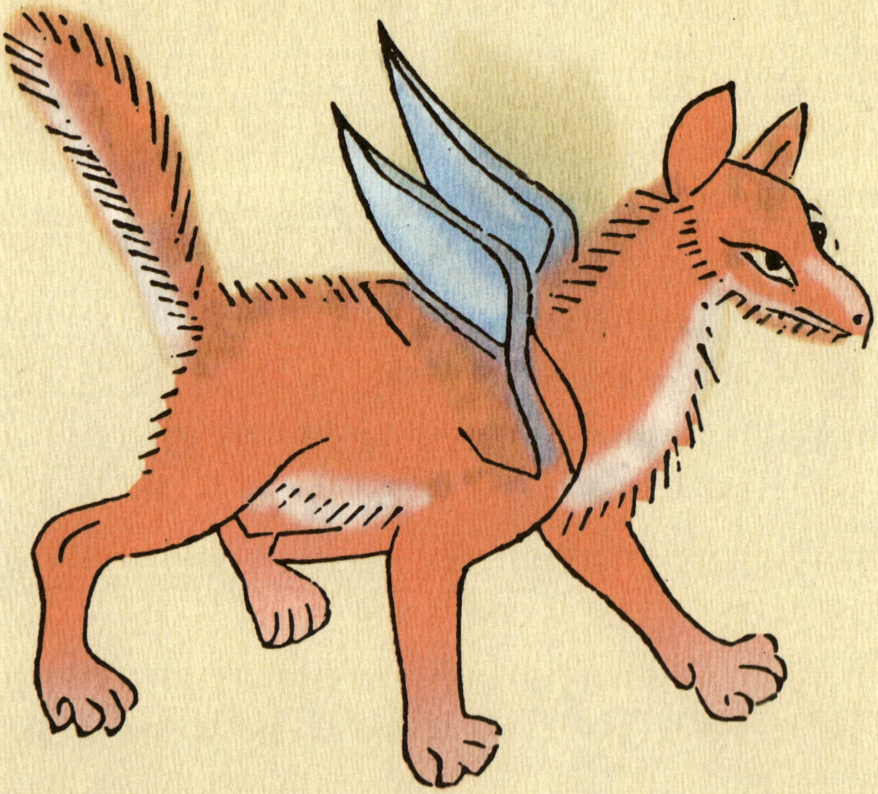

獙獙

状如狐而有翼,见则天下大旱,出姑逢山。

出自《山海经·东山经》。

姑逢山上没有草木,到处是金玉一类的矿石。这里有一种长得像狐狸,却有翅膀的异兽,名叫獙獙(音bì),声音像鸿雁的叫声。如果见到这种动物出现,说明天下将有旱灾。

其实獙獙是狐的一种,背部虽然有肉翼,但非常轻薄,无法飞翔。狐族中獙獙的叫声最悦耳。

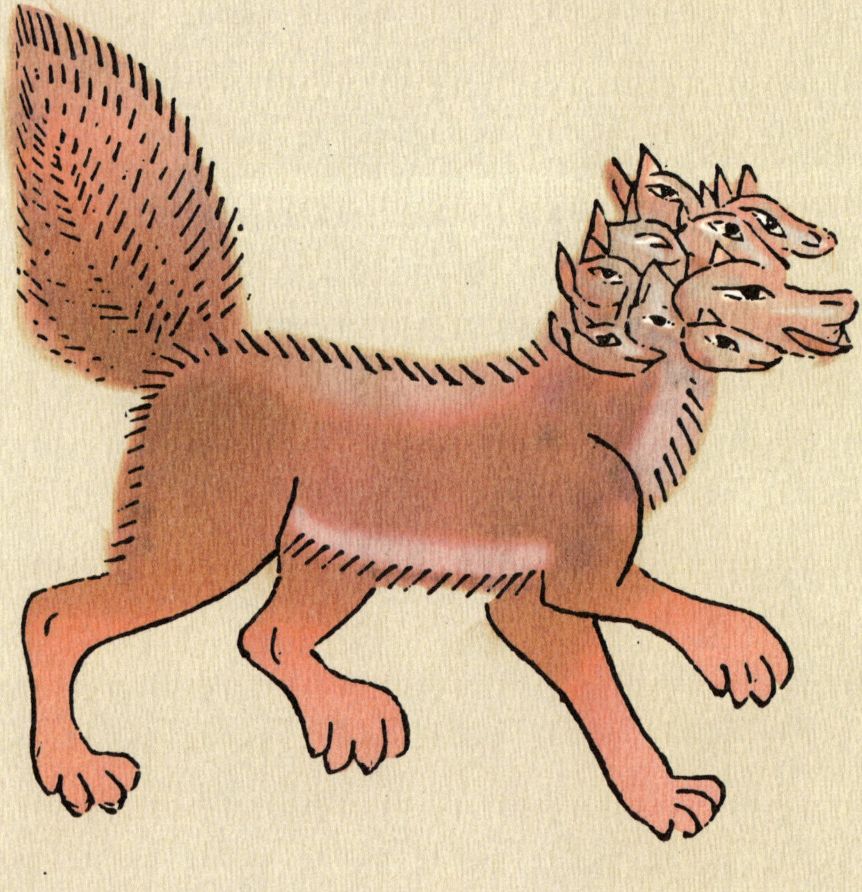

蠪蛭

状如狐而九尾、九首、虎爪,出凫丽山。

出自《山海经·东山经》。

蠪蛭(音 lóng zhì)栖身于凫(音 fú)丽山上,长得像狐狸,会吃人,哭声也很像婴儿,与九尾狐不同,它拥有九个头和九条尾巴,爪子像老虎。虽然它属于凶恶的妖怪,但是据说只要吃它的肉,就能够避邪。

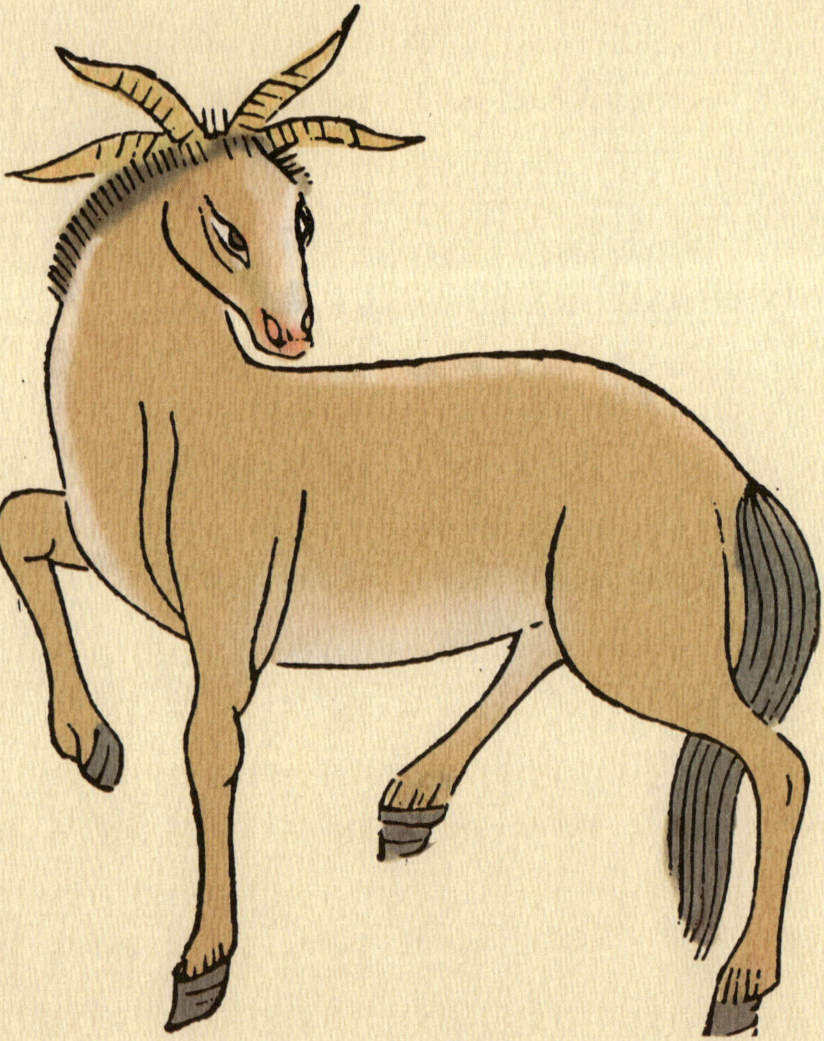

峳峳

状如马而羊目、四角，

见则其国多狡客。出碱山。

出自《山海经·东山经》。

碱山有一种野兽，形状像普通的马，却长着羊一样的眼睛、四只角、牛一样的尾巴，发出的声音像狗叫，名字叫峳峳（音 yóu）。它出现的地方，就会有很多狡诈奸猾的小人。

《中国古代动物学史》注：峳峳是鹅喉羚的变形形象，因喉部膨大而得名。峳峳大多栖息在荒芜的沙漠地区。

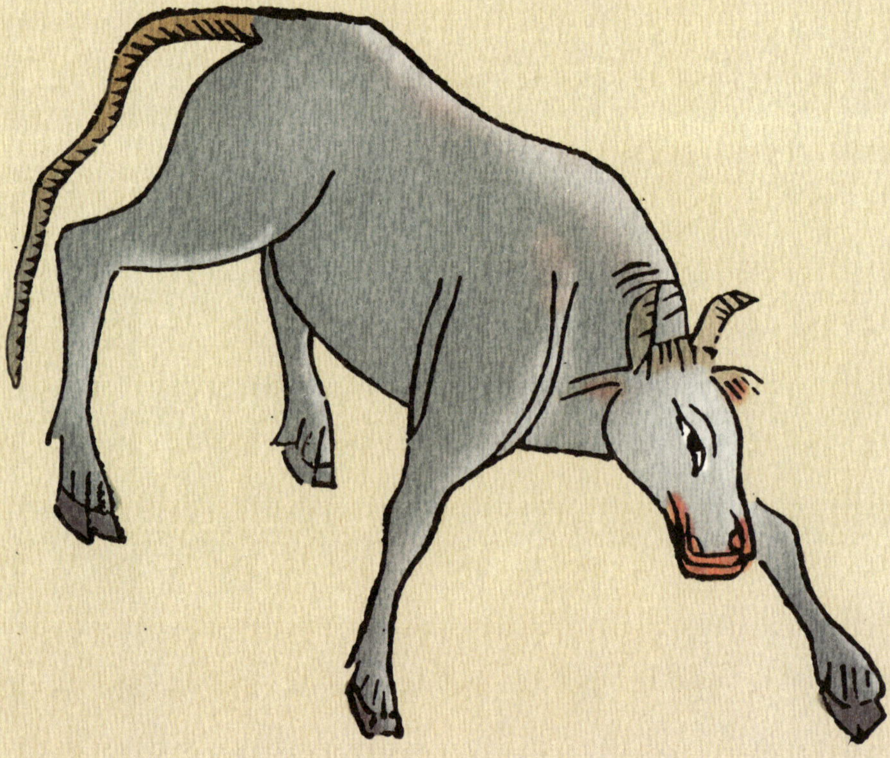

蜚

状如牛而白首，一目蛇尾，见则大疫。出太山。

出自《山海经·东山经》。

蜚（音 fēi）居住在太山，像白头的大牛，却长着一条蛇尾巴，而且只有一只眼睛。

蜚是传说中的太古灾难之神，它出现的地方都会发生诸如瘟疫等灾难。当蜚进入水中时，水源会立即蒸发干涸；当它走进草丛里时，那一片的草地会立刻变荒芜。所以人们都畏惧这种兽出现。

郭璞《图赞》："蜚之为名，体似无害，所绎枯竭，其干谯厉。"

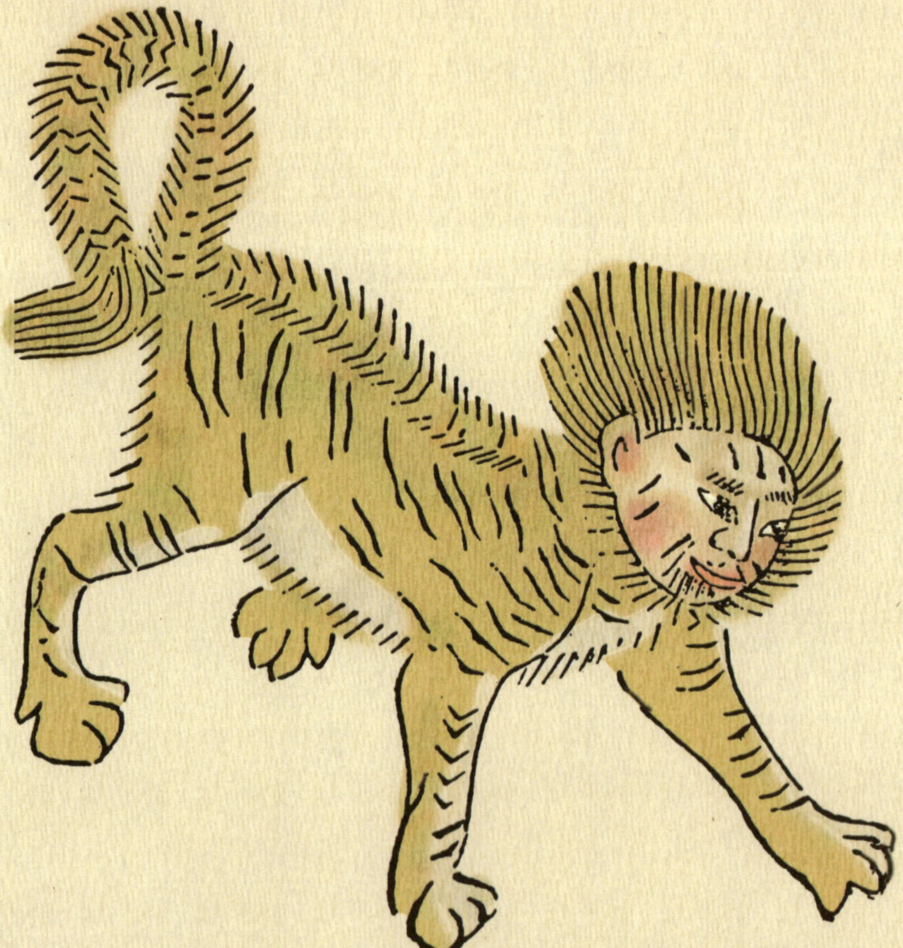

马腹

人面虎身，音如婴儿，是食人。出伊水。

出自《山海经·中山经》。

马腹兽生活在蔓渠山旁伊水，人面虎身，叫声像婴儿啼哭，性情凶残，会吃人。

也被说成是食人精魄的兽。

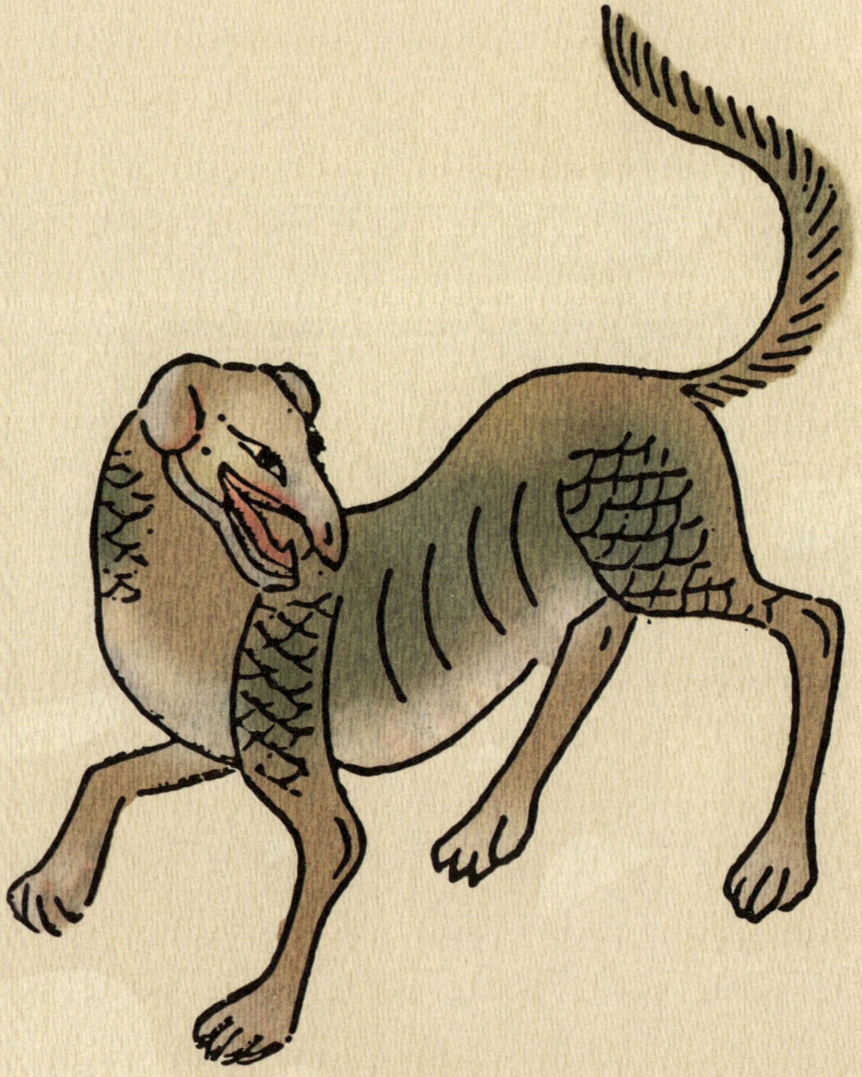

獬

状如獳，大而有鳞，其毛如彘鬣，出滽滽之水。

出自《山海经·中山经》。

滽滽之水有一种野兽，名称是獬（音 xiē），形状像獳（音 nòu）犬却全身有鳞甲，长在鳞甲间的毛像猪鬃一样。

有人认为这种兽就是江獭，只是外形比普通水獭大。

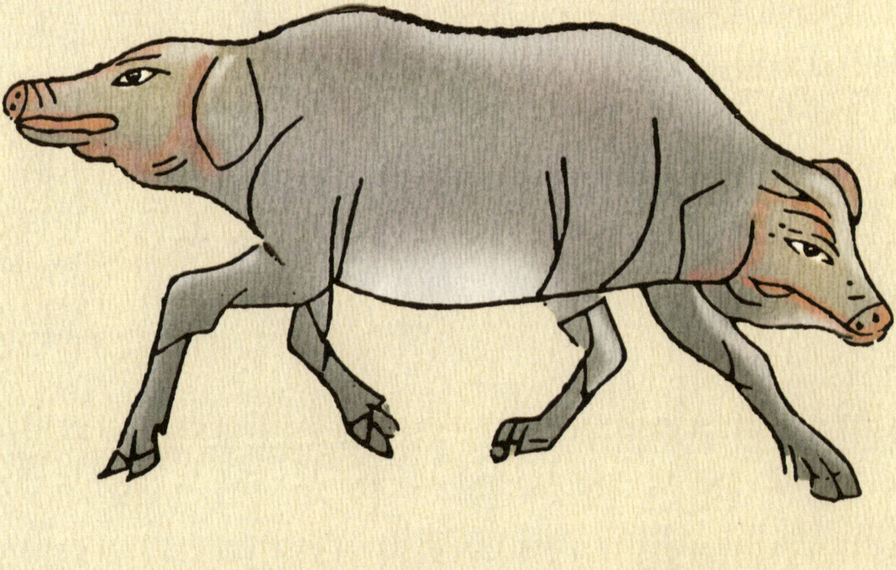

并封

状如彘,前后皆有首,黑色。出巫国之东。

出自《山海经·海外西经》。

并封是一种双头神兽,生活在巫咸东方,外形类似猪,身体是黑色的,前后皆有头。

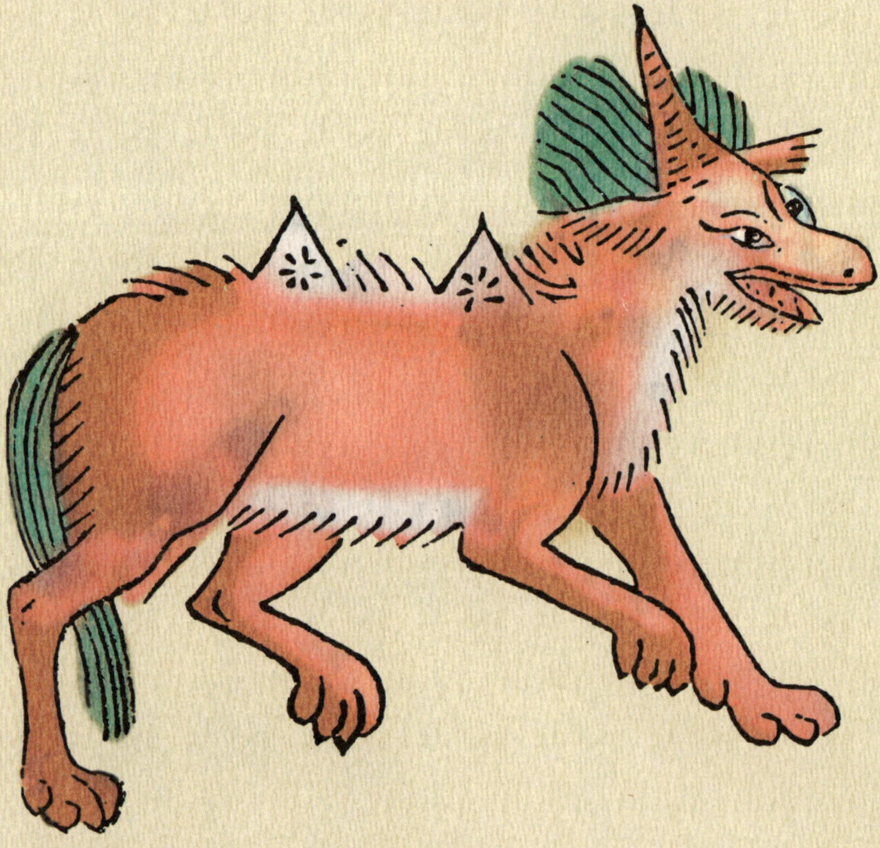

乘黄

状如狐，背上有角，乘之寿二千岁。出白民国。

出自《山海经·海外西经》。

乘黄，又叫飞黄，是传说中的神马。乘黄像狐狸，背上生有角。人只要能骑上它，就能有两千年的寿命。

韩愈的《符读书城南》诗："飞黄腾踏去，不能顾蟾蜍。"成语"飞黄腾达"系出于此。

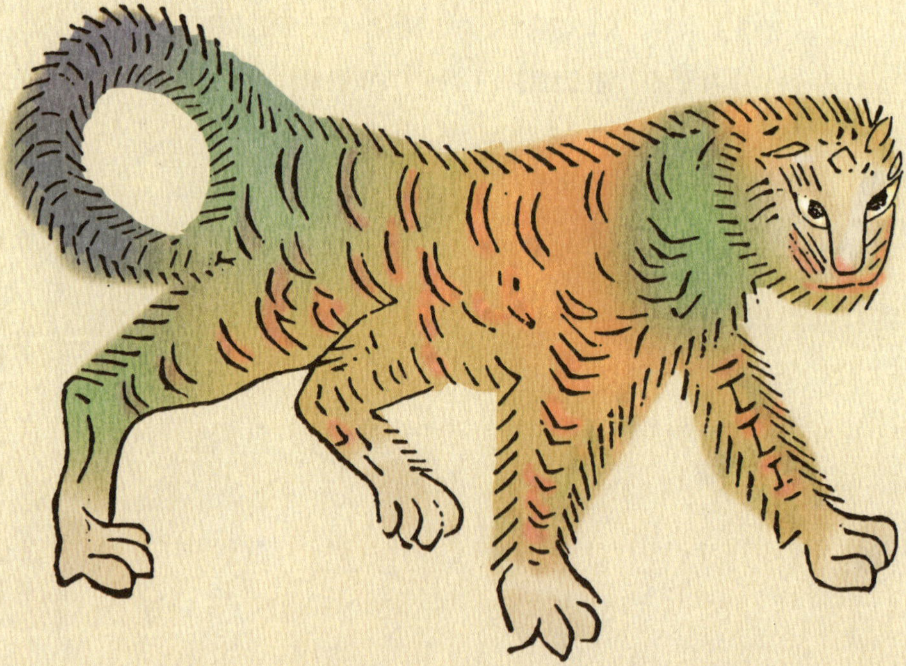

驺虞

状如虎而五彩毕具，尾长于身，名曰驺虞，乘之日行千里。出林氏国。

出自《山海经·海内北经》。

驺虞（音 zōu yú）是古代中国神话传说中的仁兽。传说，它是一种虎身狮头，通身五彩花纹，尾巴很长的动物。它天生仁慈，不忍心践踏青草，只吃自然死亡的生物。

后世人不断传颂并逐渐神化驺虞，说它优雅敏捷，奔跑速度极快，可日行千里。

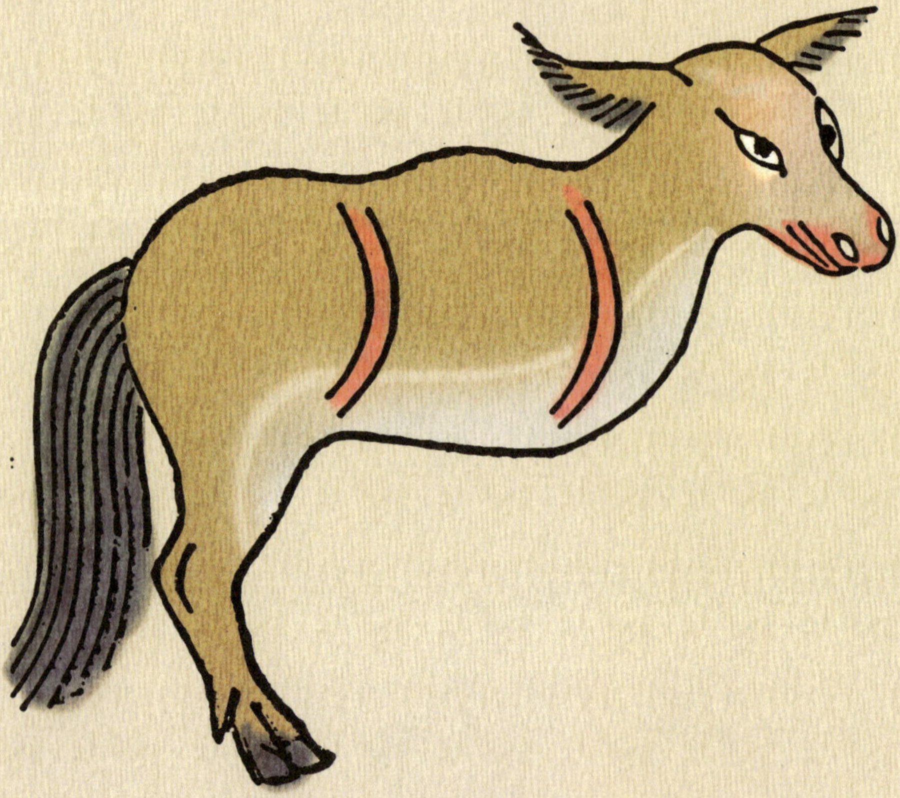

夔

状如牛，苍身而无角，一足，
出入必风雨，出流波山。

出自《山海经·大荒东经》。

传说（音 kuí）是一种一条腿的神兽，形状像牛，全身都是灰色的，没有长角，只长了一只脚，每次出现都会伴随狂风暴雨。它身上还闪耀着像日光和月光般的光芒，它的吼声和雷声一样震耳欲聋。

据说，夔与天地同生，世上只有三只，第一只被黄帝所杀。黄帝得到这种兽后，用它的皮制成鼓，并用雷兽的骨做槌，敲击鼓，鼓声响彻五百里之外，威慑天下。

第二只被秦始皇所杀。但秦始皇没有黄帝的功业，所以这只夔的皮做成的鼓就没那么神奇了。

《黄帝内经》记载："黄帝伐蚩尤，玄女为帝制夔牛皮鼓八十面，一震五百里，连震三千八百里。"

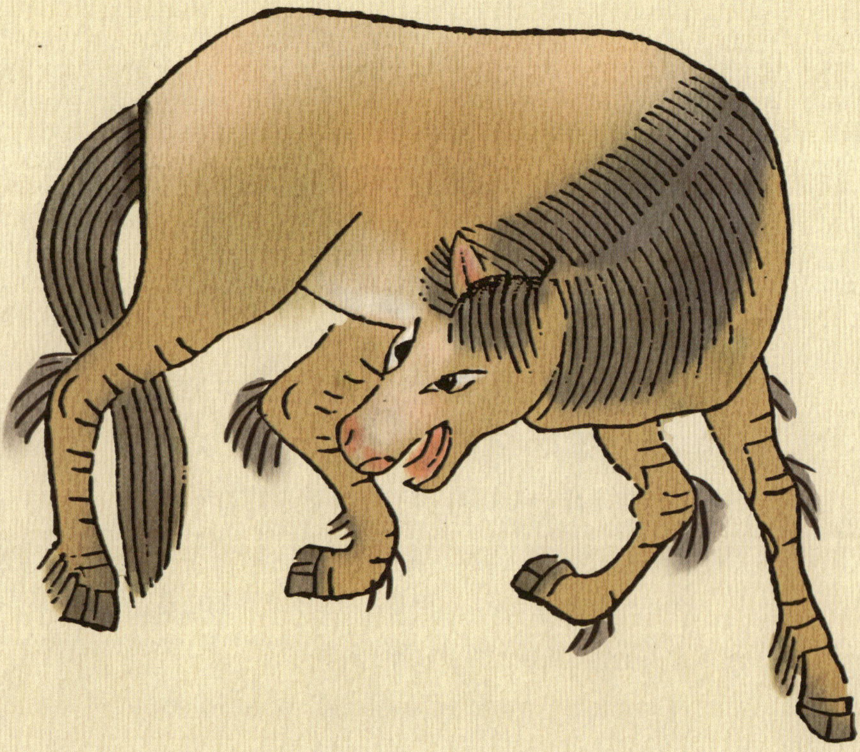

旄马

状如马面,足有四节垂毛。出南海外。

出自《山海经·海内南经》。

旄(音 máo)马,中国神话传说中的怪兽。生活在巴蛇所在地的西北面。旄马酷似普通的马,但四条腿关节的部分都有长毛,是一种高海拔地区的马。

《水经注》称之为"巴或滇马"。

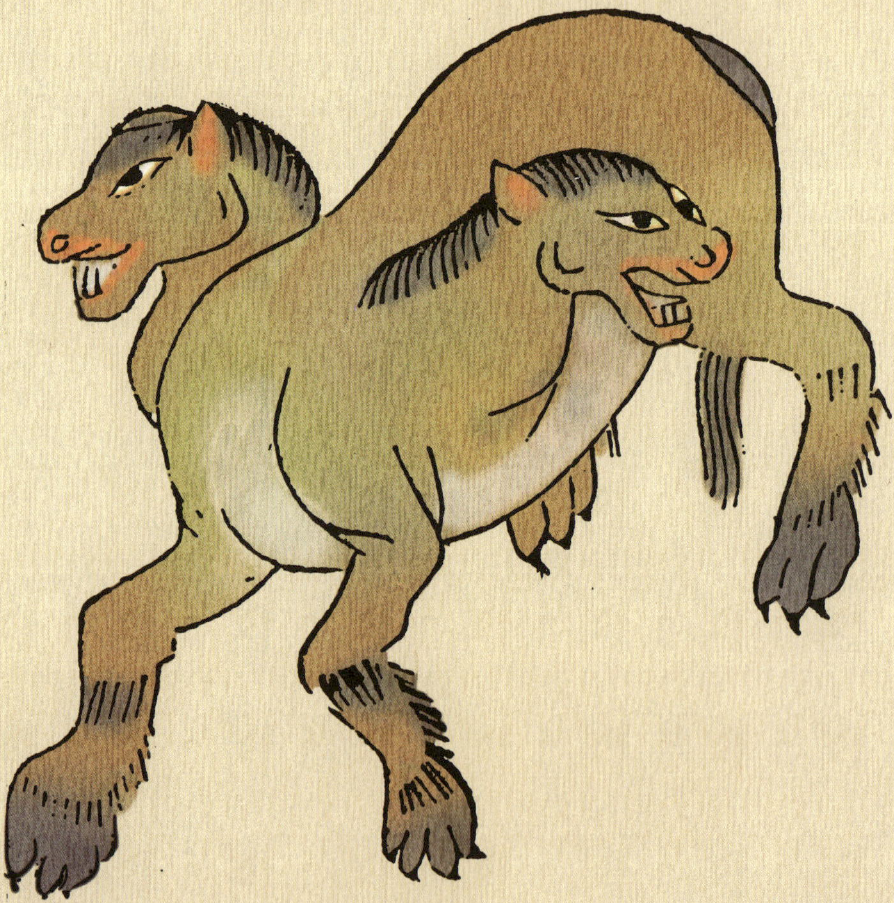

跊踢

兽形,左右有首,出流沙河。

出自《山海经·大荒南经》。

南海以外,流沙河以东,有一种怪兽,它左右两边各有一个头,两个脑袋是狗头的样子,名字叫跊(音chù)踢。

其实,跊踢是一种海兽,它的皮肤光滑,无毛无鳞。

相传,跊踢是观音菩萨跟前的宠物,经常会来人间寻找贡品供奉菩萨。

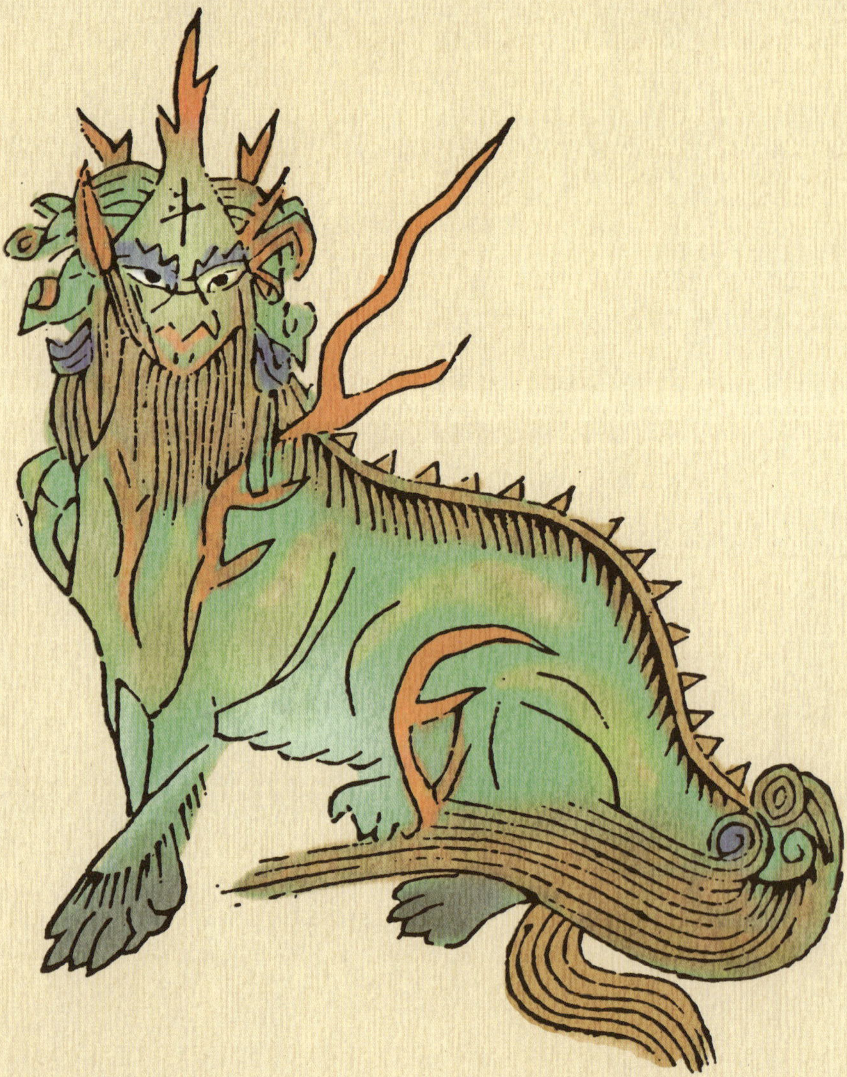

双双

三青兽,合体为一,亦出流沙之东。

出自《山海经·大荒南经》。

南海以外,流沙河以东,有由三只青色的野兽合并在一起的奇鸟或奇兽,名字叫双双。

《山海经》中描述的"三青相并"并不那么详细和准确,《山海经·大荒东经》中认为"三青马""三青鸟""三骓",都可以被叫做双双。

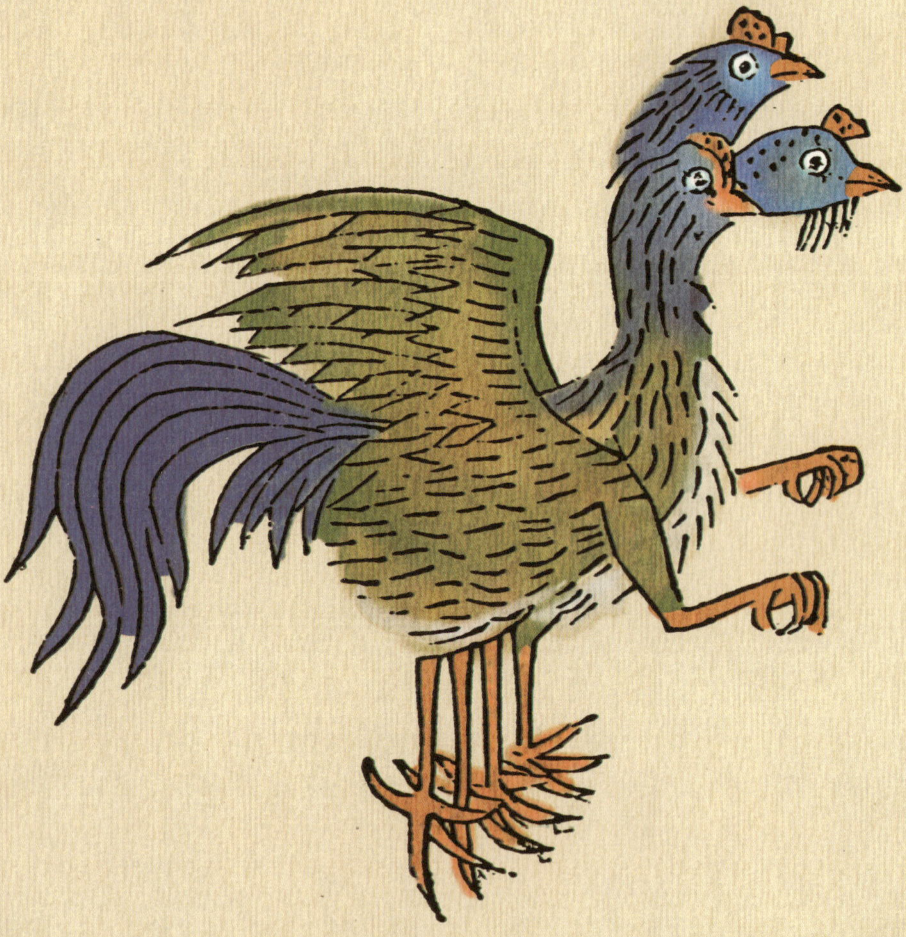

𪄀𪃽

状如鸡而三首六目，六足三翼，出基山。

出自《山海经·南山经》。

基山有一种禽鸟，外形像鸡却长着三个脑袋，六只眼睛，六只脚，三只翅膀，名叫𪄀𪃽（音 chǎng fū）。

这种生活在基山之上的野鸡，据说是某位爱吃鸡腿的神仙培育出来的改良品种。

𪄀𪃽属于司夜鸡的一种。《汉武洞冥记》中记载："影娥池北有司夜鸡，随鼓节而鸣不息，从夜至晓，一更为一声，五更为五声，亦曰五时鸡。"人们吃了𪄀𪃽的肉就会精力充沛，就像打了鸡血一样，晚上不需要睡觉了。因此烤𪄀𪃽深受夜猫子一族欢迎。

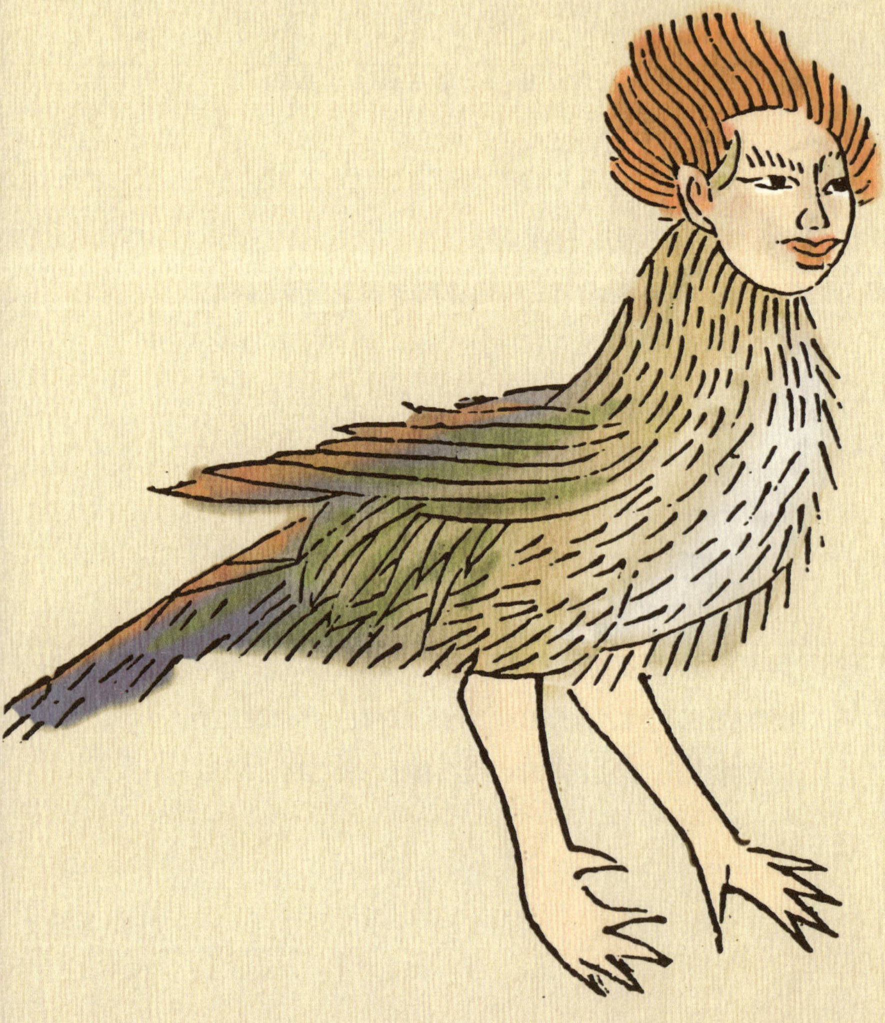

鴸

状如鸱而人面人手,见则其县多放士。出柜山。

出自《山海经·南山经》。

鴸(音 zhū),是猫头鹰的古称,是一种长着人脸的鸟类,在中国民间传说中称这种鸟的脚看起来像人的手。

据说,鴸被认为是"鹍鴸",是不吉祥的鸟,会危害官员和有德行的君子。它出现的地方,必定会有很多官员被流放和迫害,如果听到它半夜叫啼,则预示着灾祸的到来。

这种鸟的原名是"丹鴸",取自尧帝的儿子"丹朱"之名。丹朱性情恶劣,加上当时尧帝禅位于舜,所以丹朱没有继承帝位。丹朱死后,他的怨恨之气化为这种怪鸟,通过迫害官员达到扰乱政纲的目的。

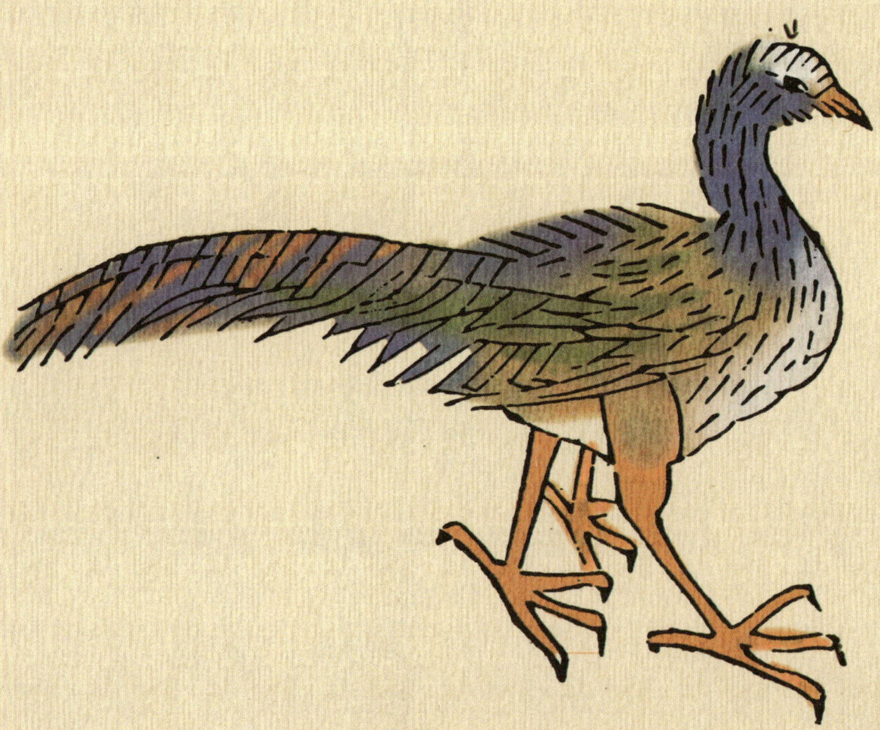

瞿如

状如䳌而白首，三足，出祈过山。

出自《山海经·南山经》。

祈过山中有一种禽鸟，外形像䳌（音 jiāo），脑袋却是白色的，长着三只脚，人一样的面孔，叫做瞿如。鸣叫声如同呼唤自己的名字一样。

郭璞《图赞·瞿如鸟》："瞿如三手，厥状似䳌。"

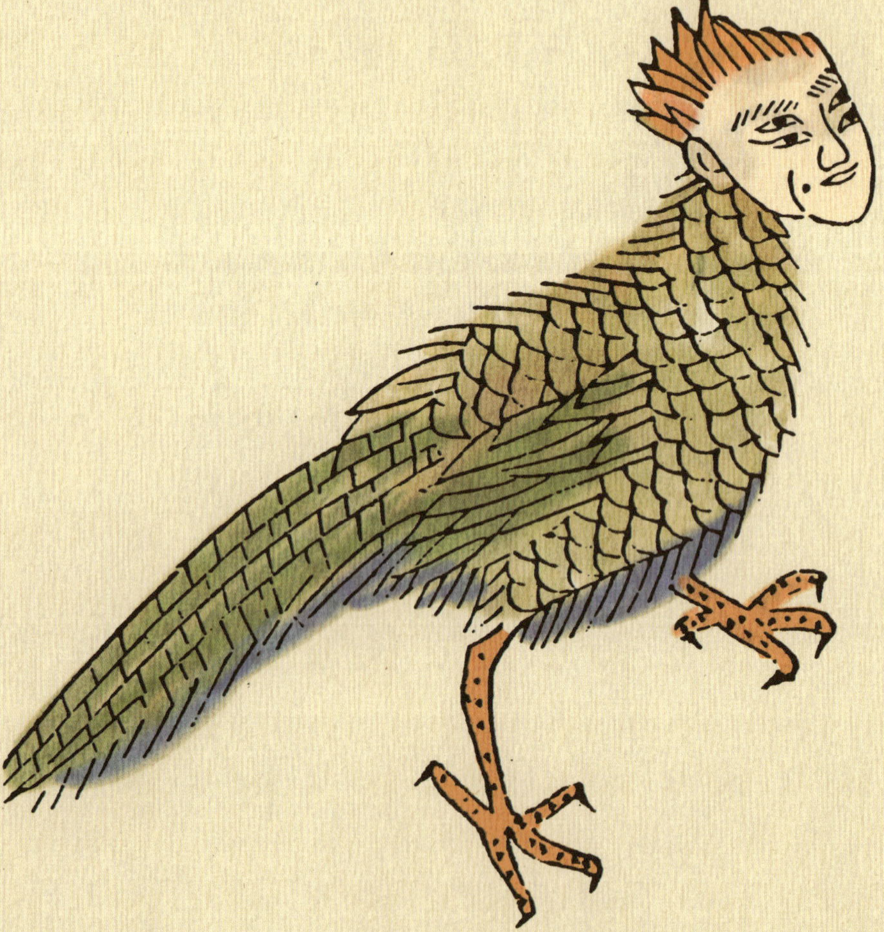

颙

状如枭,人面四目有耳,见则天下大旱。

出令丘山。

出自《山海经·南山经》。

颙(音yóng),传说中的一种鸟,形状像猫头鹰,长着一副人脸和四只眼睛而且有耳朵,它发出的叫声就像呼唤自己的名字。

令丘山上不长植物,都是因为住着颙这种怪鸟,据说如果颙出现,天下便会发生旱灾,所以令丘山上常年干旱。

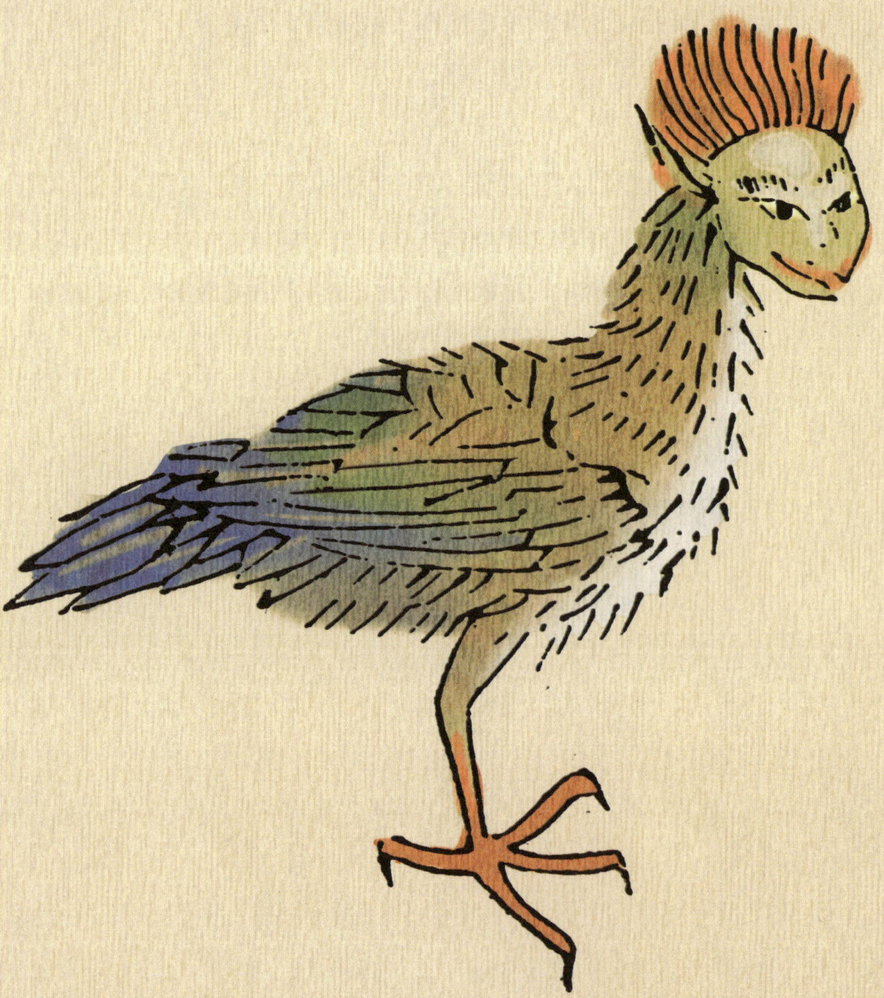

橐𪇯

状如枭,人面一足,冬见夏蛰,出羭次山。

出自《山海经·西山经》。

橐𪇯(音 tuó fěi)的样子像猫头鹰,面孔像人,独脚,常在冬天出没,夏天在洞中休眠。据说这种鸟的羽毛避雷的功效非常好,人们在雨天佩戴它的羽毛可以安全出行。

《河图》中有记载,橐𪇯是一种祥瑞之鸟,看到它人们会更加勇猛强悍。传说南陈即将灭国的时候,曾有一群橐𪇯聚集在宫殿之上,用鸟喙画出救国之策。

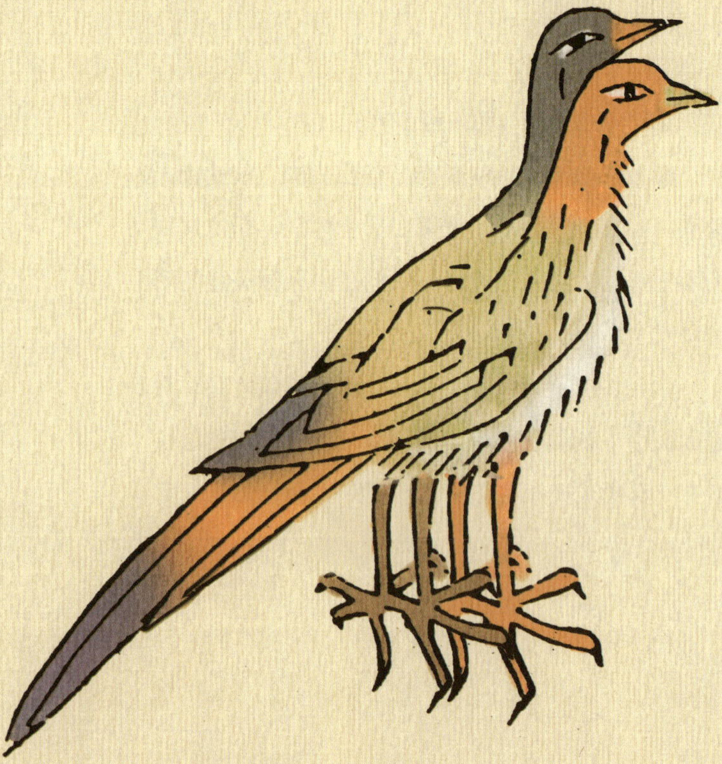

鸓

状如鹊，赤黑两首四足，出则可以御火。

出翠山。

出自《山海经·西山经》。

鸓（音 lěi）的形状像喜鹊，长着红黑色羽毛，却有两个脑袋和四只脚。

传说一次翠山起了大火，火势无法控制。忽然一只鸟出现在了翠山的山头，于是火焰便渐渐熄灭。众人一看原来是鸓鸟。正因为此，鸓鸟的雕像、绘画常常出现在古代宫殿之中，寓意庇佑宫殿，免于火灾。

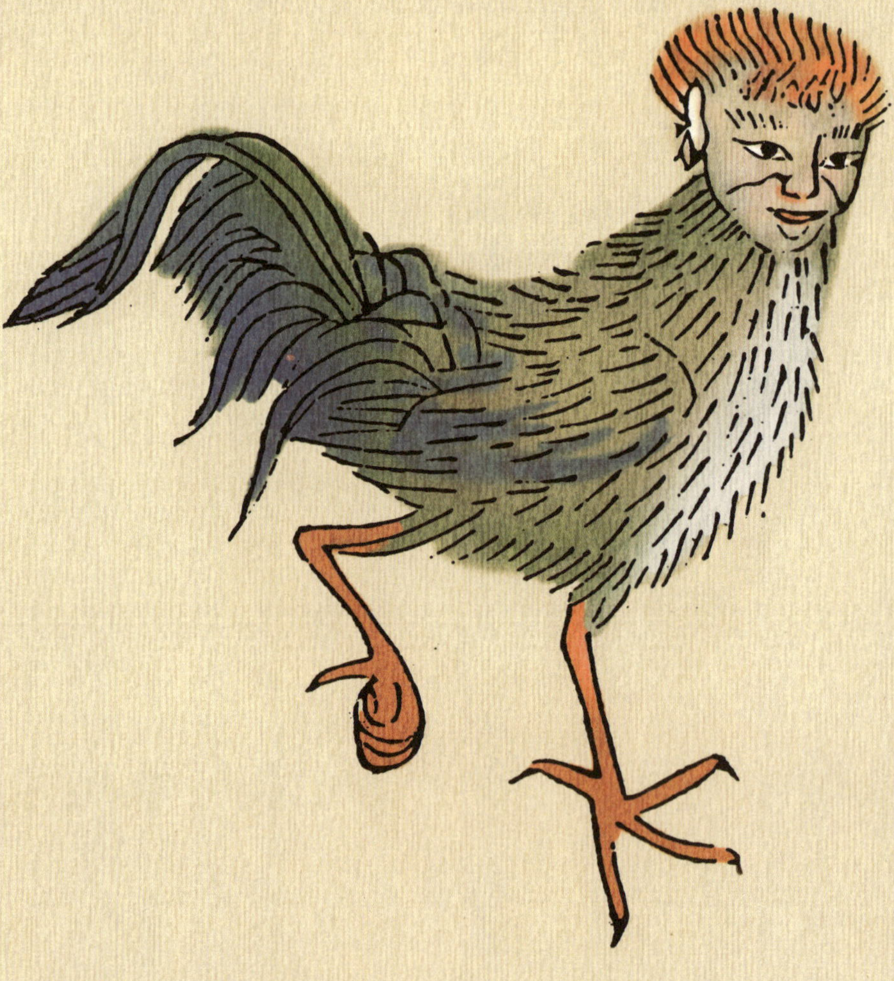

凫徯

状如雄鸡而人面，见则有兵。出鹿台山。

出自《山海经·西山经》。

鹿台山上栖息着凫徯这种鸟。凫徯有着公鸡似的身体，面貌与人一样，眼神锐利，时时带着一副战斗的表情，叫声就像呼唤自己的名字。

凫徯一旦出现，天下就会爆发大战。

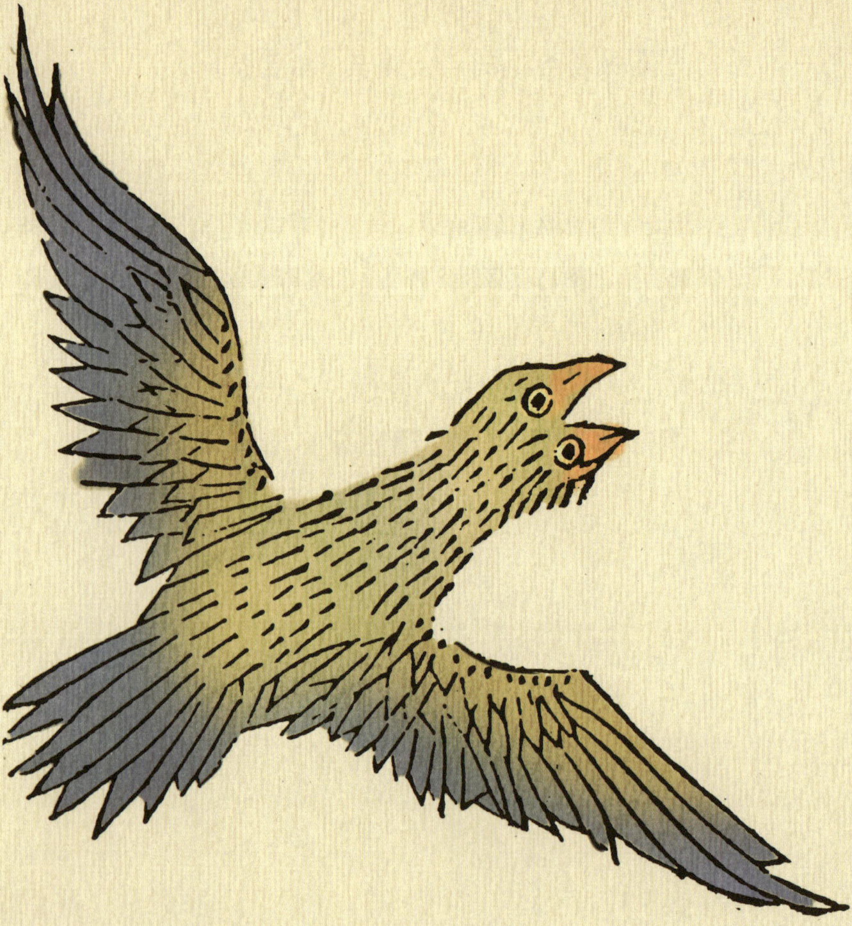

蛮蛮鸟

状如凫,而一翼一目,相得乃飞,
见则大水。出崇吾山。

出自《山海经·西山经》。

蛮蛮鸟,就是俗称的比翼鸟。它形状像野鸭子,只有一只翅膀一只眼睛,只有两只鸟合并在一起,才能飞翔。

比翼鸟虽然象征着情人之间的深情,但是蛮蛮鸟并非瑞兽,它一露头,天下就会发生洪灾。

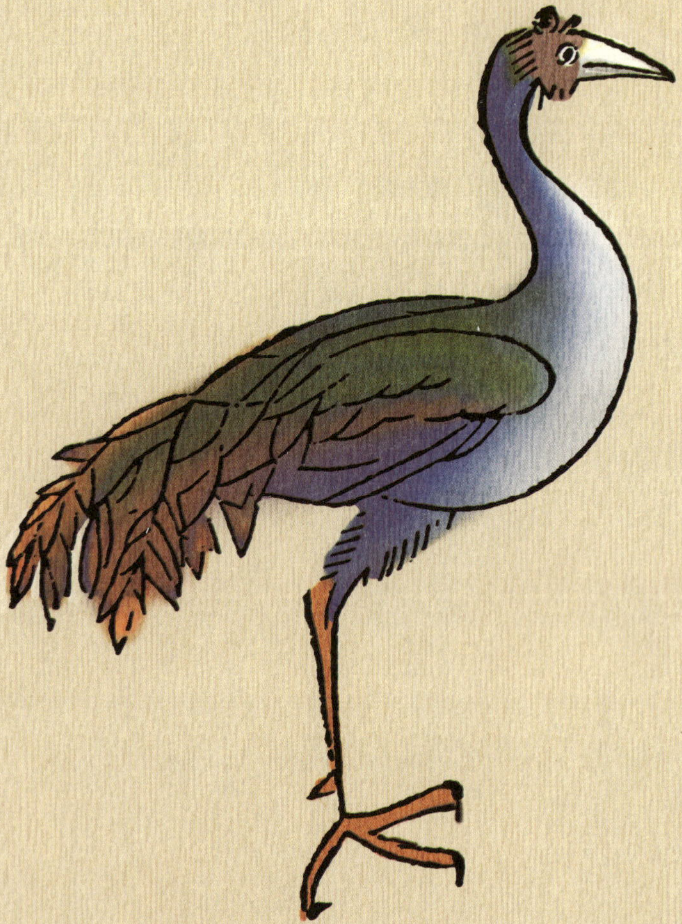

毕方

状如鹤，一足，赤文青质白喙，
见则有讹火。出章莪。

出自《山海经·西山经》。

毕方出自章莪（音é）山，形状像鹤，通身有红色的斑纹和青色的羽毛，但只有一只脚，一张白嘴巴。它鸣叫的声音就像是呼唤自己的名字，在哪个地方出现，哪里就会燃起怪火。

传说黄帝在泰山聚集四方鬼神之时，战车由蛟龙牵引，而毕方则守护在战车旁。毕方也被人们称为火神的侍宠，俗称火鸦。

张衡《东京赋》中说："毕方，老父神，如鸟，两翼一足，常衔火在人家作怪灾也。"

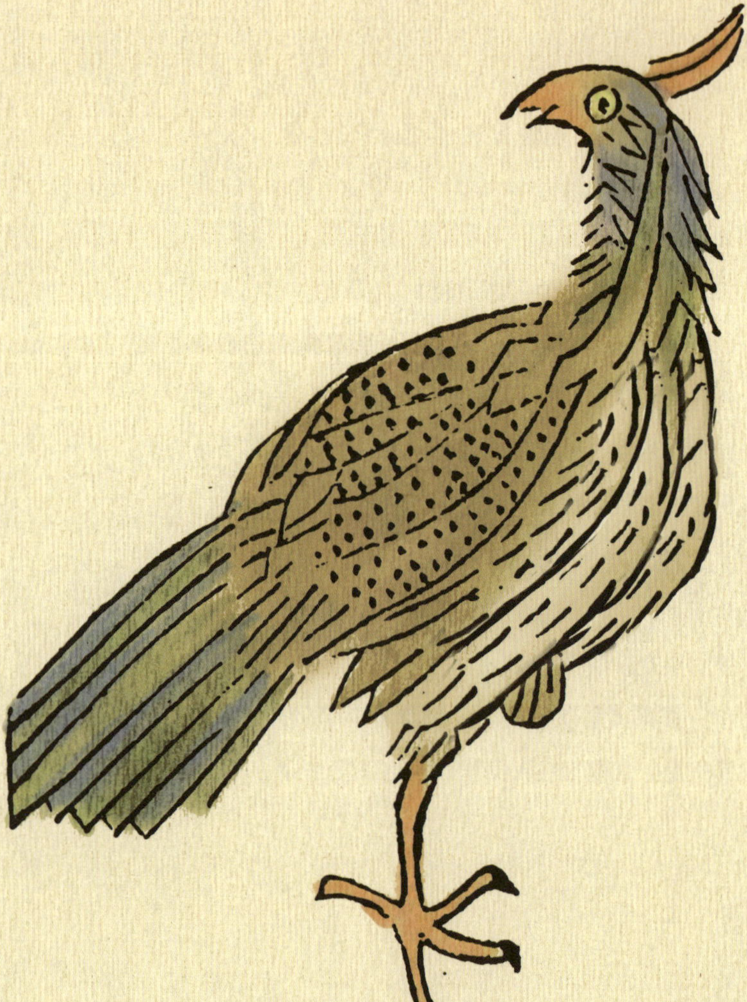

鸱

一首三身,其状如䳐,出三危山。

出自《山海经·西山经》。

三危山中有一种禽鸟,三个身子共用一个脑袋,形状与䳐(音 lè)鸟很相似,叫做鸱(音 chī),又被称作妙翅鸟、项瘿鸟,是一种凶猛的鸟。

鸱是佛教八部众之一,金色羽翼,两翼一展有三三六万里之广。《长阿含经》(卷十九)中记载,鸱有卵生、胎生、湿生、化生等四种,卵生之鸱趾鸟可食卵生之龙,胎生之鸱趾鸟可食胎生、卵生之龙;湿生之鸱趾鸟可食湿生、卵生、胎生之龙,化生之鸱趾鸟可食化生及其余诸种之龙。由此可见,鸱这种生物是比龙更高一级的捕食者。

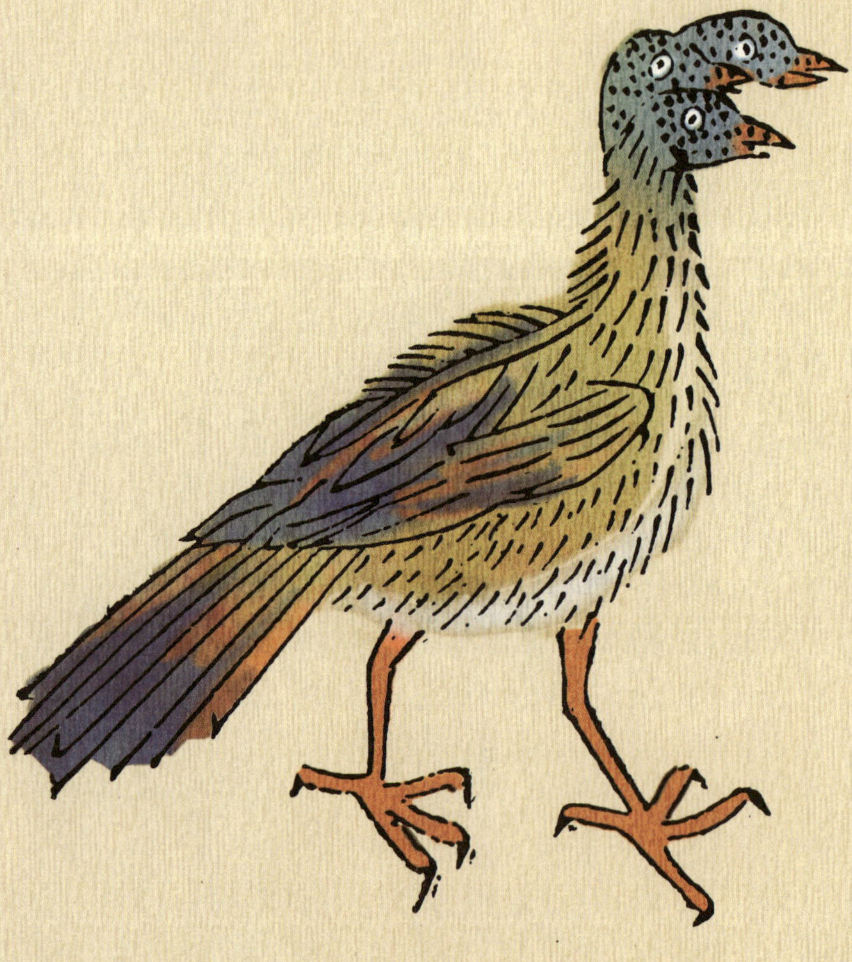

鵸䳜

状如鸟，三首六尾，善笑，出翼望山。

出自《山海经·西山经》。

翼望山中有一种鵸䳜（音 qí tú）鸟，形状像普通的乌鸦，却长着三个脑袋、六条尾巴，并且喜欢嬉笑。据说吃了它的肉，人就不会做噩梦，还可以辟凶邪之气。

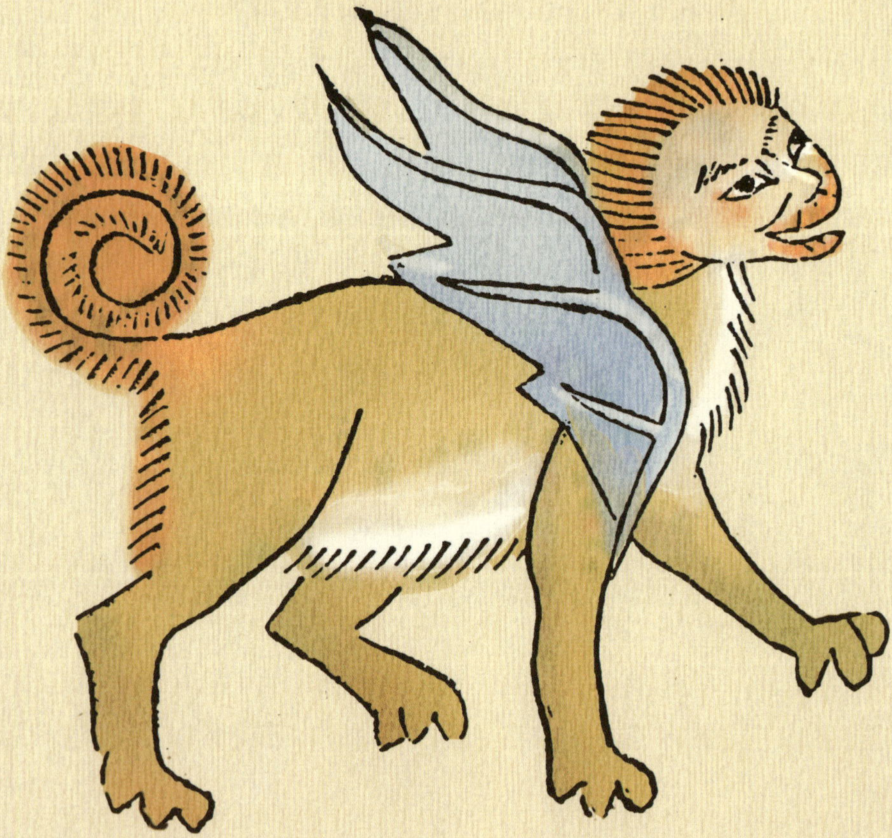

人面鸮

其状如鸮,人面蜼身犬尾,见则大旱。出崦嵫。

出自《山海经·西山经》。

人面鸮(音 xiāo)栖息在崦嵫(音 yān zī)山,形状像一般的猫头鹰,长着人的面孔,蜼一样的身子,却拖着一条狗尾巴。

人面鸮发出的叫声就像呼唤自己的名字,哪个地方出现人面鸮,哪里就会有旱灾发生。

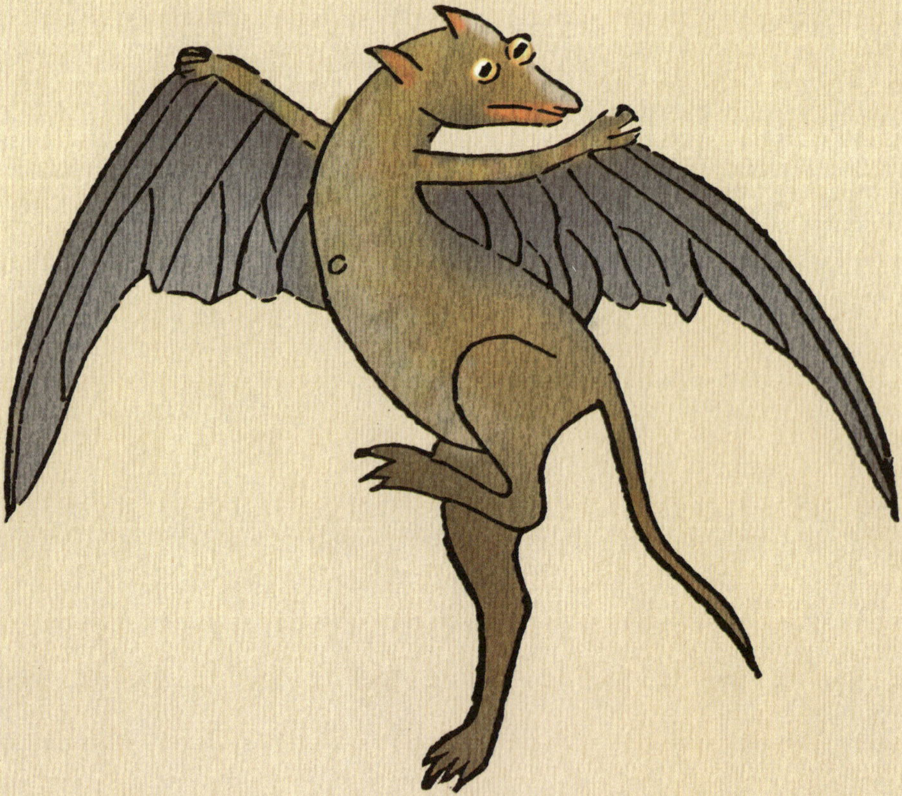

寓鸟

状如鼠而鸟翼,其音如羊,可以御兵。出虢山。

出自《山海经·北山经》。

虢(音 guó)山中生活的禽鸟大多是寓鸟。它属于蝙蝠类怪鸟。形状与一般的老鼠相似,但长着鸟一样的翅膀,叫声像羊。据说这种鸟可以避除邪气,武器无法伤害到它。

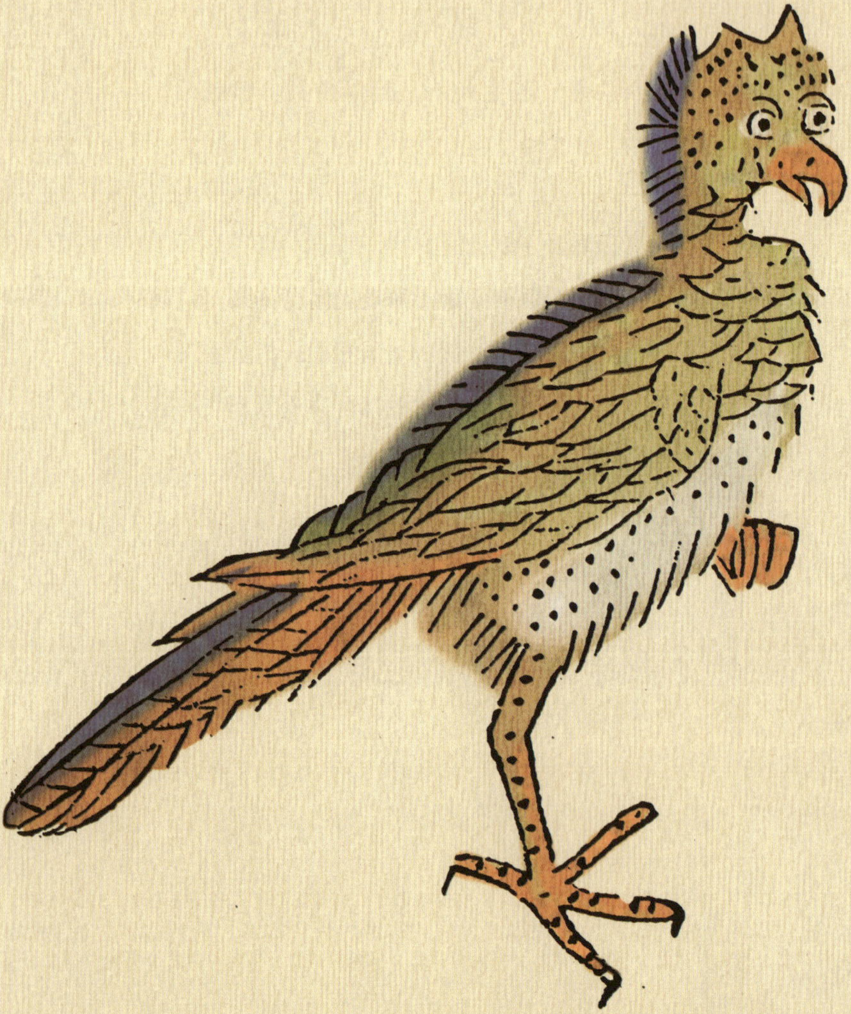

竦斯

状如雌雉而人面,见人则跃,出灌题山。

出自《山海经·北山经》。

灌题山有一种鸟叫竦斯,样子像雌野鸡,有人的面孔。看到人就跳跃不止,它的叫声如同呼唤自己的名字。

这种鸟的原型为石鸡,也称嘎嘎鸡,栖息于山崖间,有时在山麓、田野一带觅食。

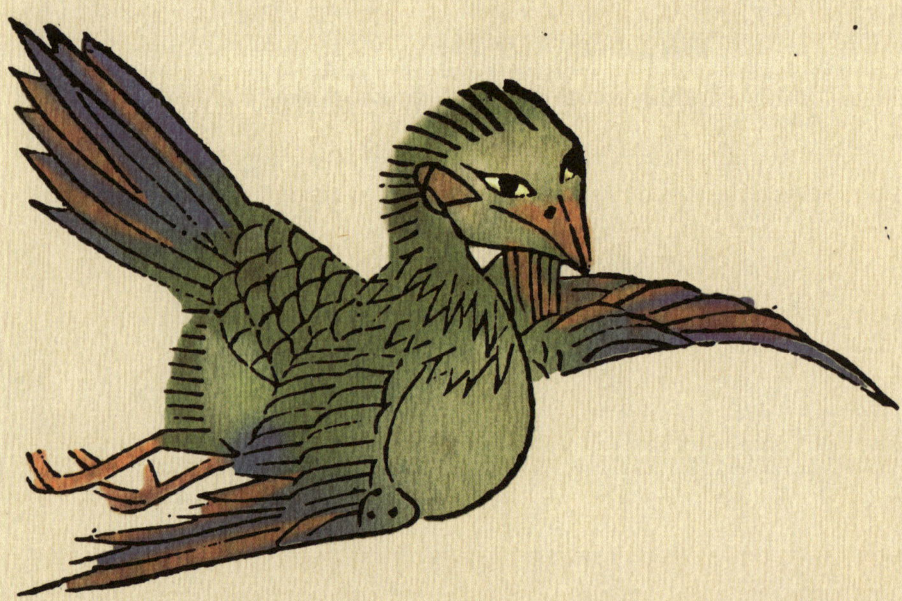

鸑䴉

状如乌，人面，宵飞而昼伏，出北嚻山。

出自《山海经·北山经》。

北嚻山有种鸟，叫鸑䴉（音 pán mào），形状像乌鸦，却长着人的面孔。它通常在夜里活动，白天休息。相传吃了它的肉，可治热病，能够防止中暑。

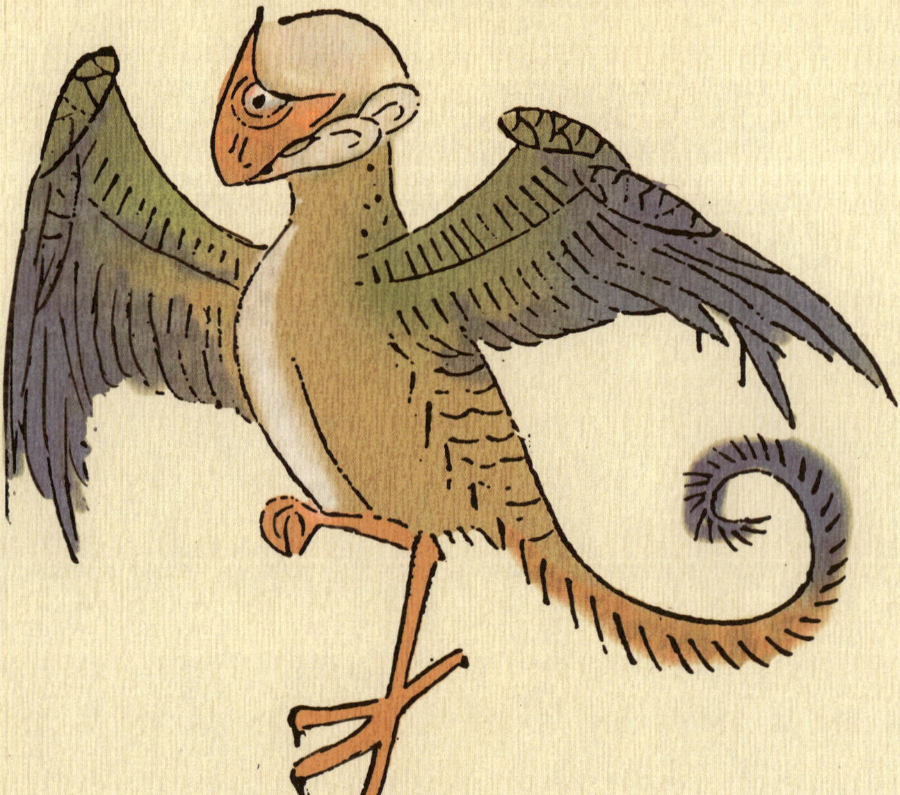

嚣鸟

状如夸父,四翼、一目、犬尾,出梁渠山。

出自《山海经·北山经》。

嚣鸟,样子像夸父,独目,却有四只翅膀,尾巴像狗一样。这种鸟的叫声和喜鹊的叫声差不多,相传它的肉可以治疗腹痛和腹泻这类病症。

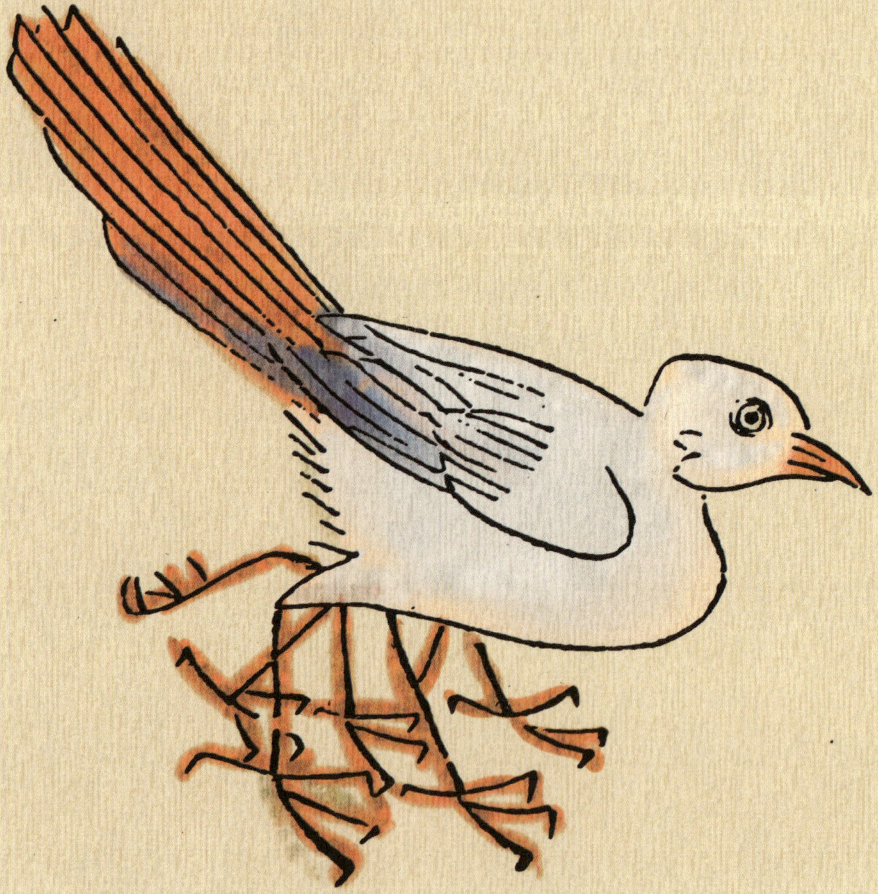

鶼

状如鹊，白身赤尾，六足，出太行山。

出自《山海经·北山经》。

太行山上有一种鸟，样子像喜鹊，身体雪白，并有红色的尾巴，长着六只脚，名字叫鶼（音 fén）。这种鸟的警惕性很高，很容易被惊动，它的叫声如同呼唤自己的名字。

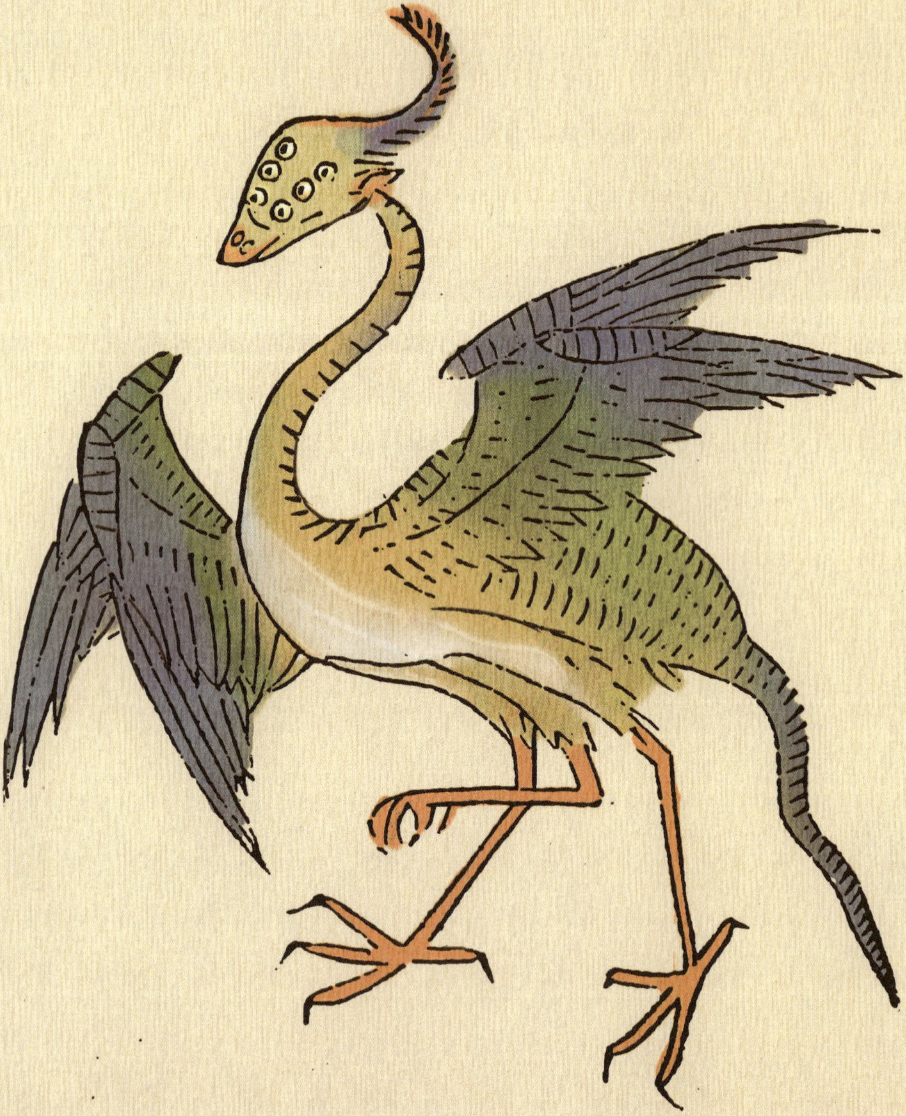

酸与

状如蛇而四翼、六目、三足，
见则其邑有恐。出景山。

出自《山海经·北山经》。

景山中有一种禽鸟叫酸与，身体像蛇一样细长，有四只翅膀，六只眼睛和三只脚。它的叫声听起来像"酸与"的发音。

酸与一旦出现，当地就会有恐怖的祸事发生。

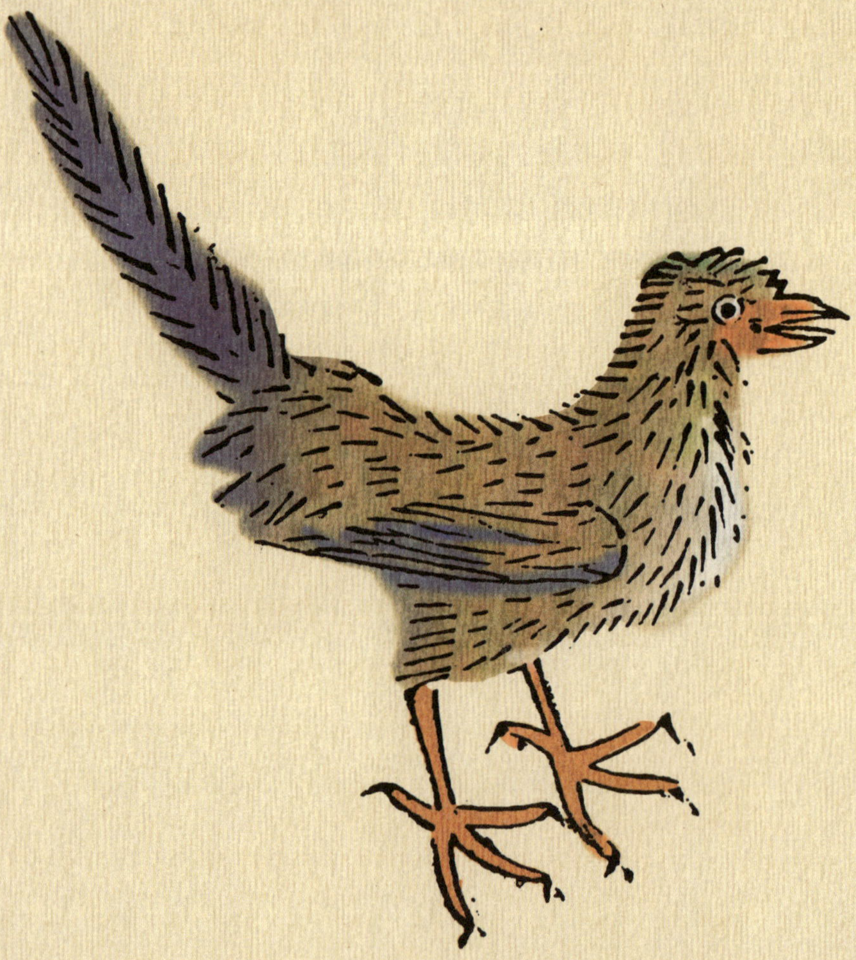

蚩鼠

状如鸡而鼠毛，见则大旱，出枸状山。

出自《山海经·南山经》。

枸状山中有一种禽鸟，外表看起来像家鸡，却长着老鼠一样的毛，名叫蚩（音 cí）鼠。据说哪个地方出现这种禽鸟，哪里就会有旱灾。

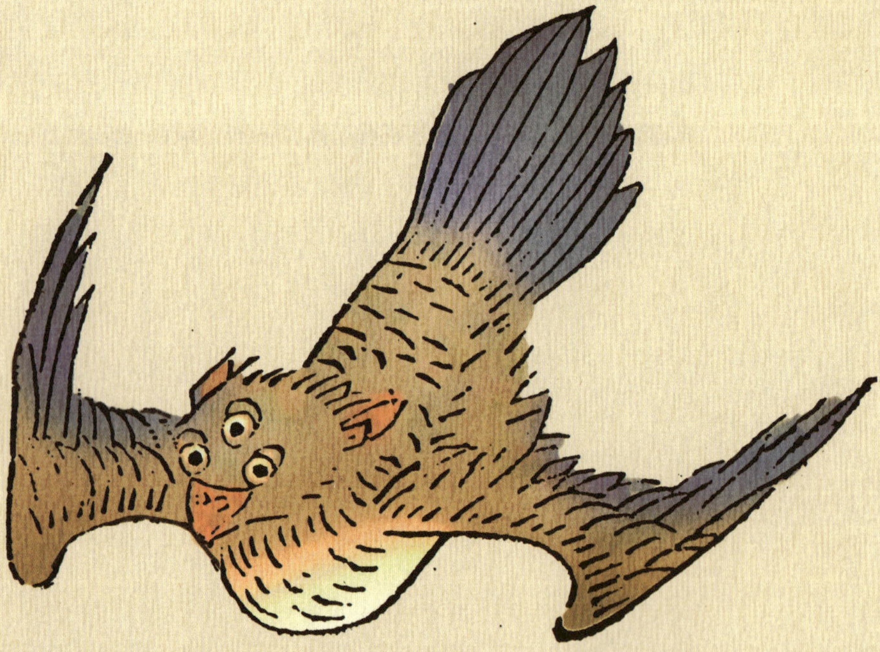

狄鸟

状如枭而三目、有耳。出首山之机谷。

出自《山海经·中山经》。

首山的机谷中,有一种狄(音 dí)鸟,样子像枭,有三只眼,还有耳朵。它的声音听起来如同鹿鸣,相传人吃了它的肉能治好湿气病。

传说每到夜深人静的时候,狄鸟就会悄悄进入机谷寻找灵药。

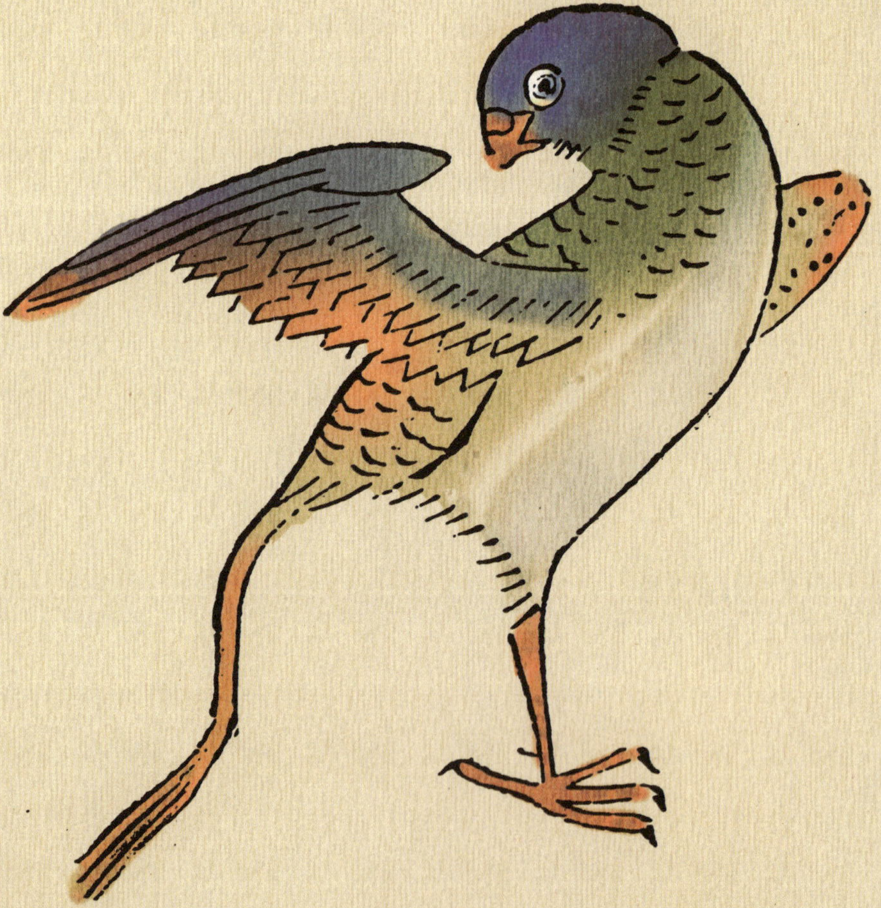

跂踵

状如鸮,一足、彘尾,见则火疫。出复州山。

出自《山海经·中山经》。

跂踵(音 qǐ zhǒng)出没于复州山附近,外形像猫头鹰,但是长着猪的尾巴,且只有一条腿。

这种鸟一旦出现,就有可能会发生火灾。

郭璞《图赞·跂踵》:"青耕御疫,跂踵降灾。"

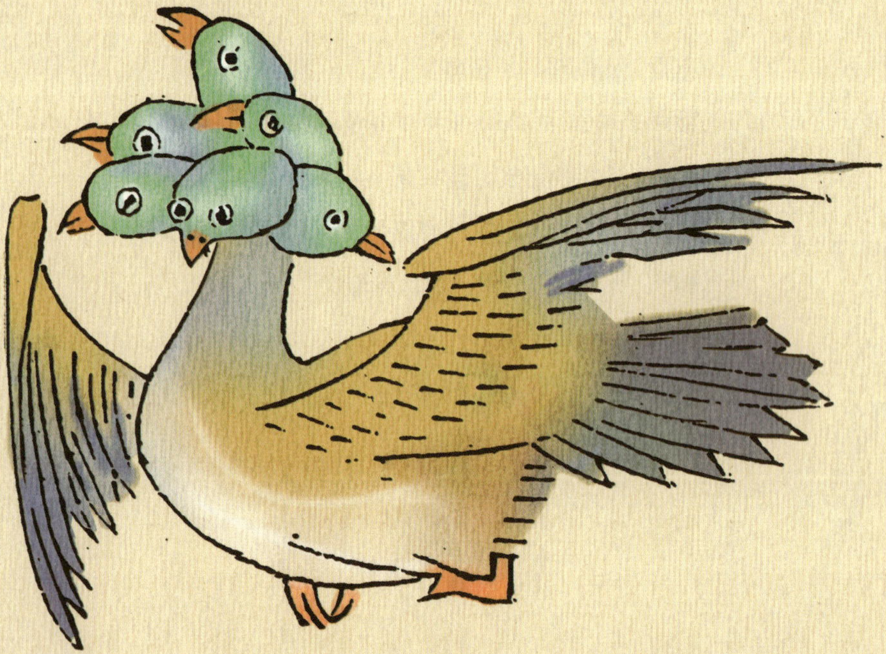

鶵鸟

青鸟、身黄、赤足、六首,出互人国。

出自《山海经·大荒西经》。

鶵(音zhǔ)鸟,又名飞龙鸟(榛鸡),出自互人国。

鶵鸟体形很像鸽子,肉质洁白细嫩,前胸肌脯硕大丰满。它的颈骨长而弯曲,像龙骨。腿短有羽毛,爪面有鳞,就像龙爪一般,所以又取名"飞龙鸟"。

鶵鸟多栖息在灌木丛或松桦树混交林中。雌雄成双成对,形影不离,如果丧偶,另一只就会终身独守,矢志不移,所以有"林中鸳鸯"的美称。

传说鶵鸟是侍奉西王母的臣子,被西王母封为"飞龙"侍者,身体苍黄,花斑长尾,红色腿脚,长着六个脑袋,平时为西王母配制药物。

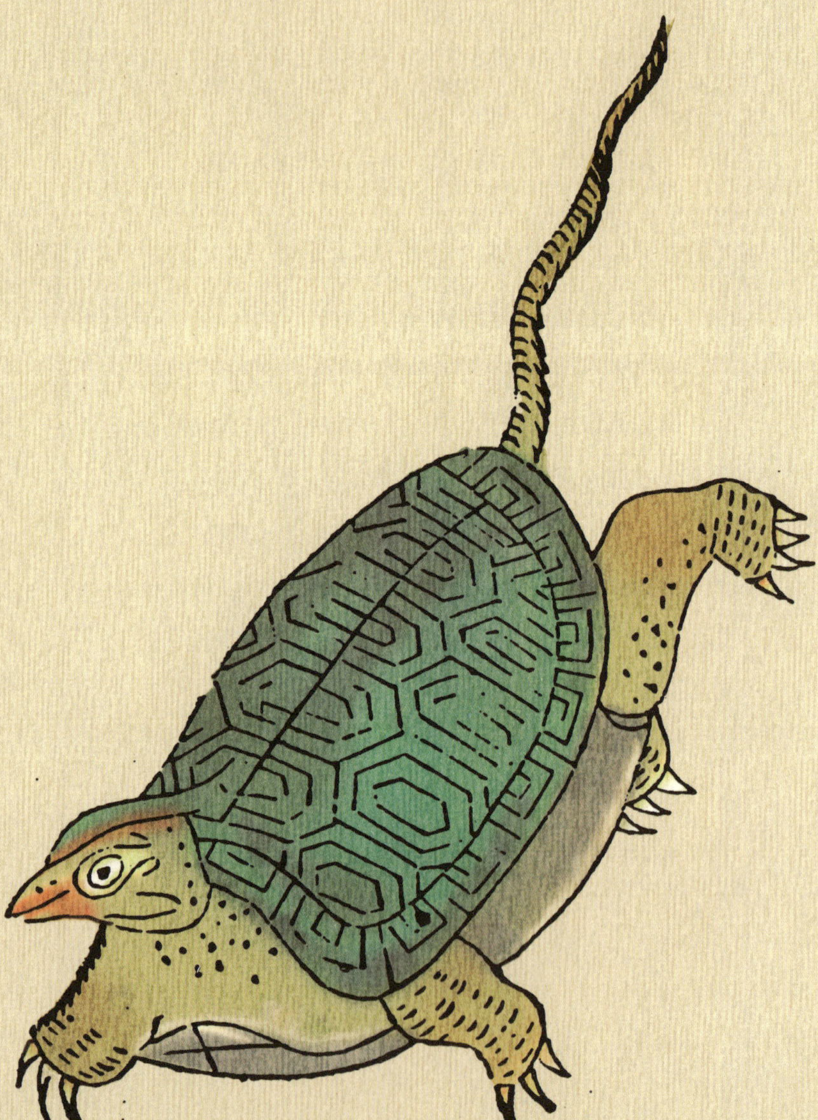

旋龟

状如龟而鸟首,虺(音huǐ)尾,出怪水。

出自《山海经·南山经》。

怪水从杻阳山发源,然后向东流入宪翼水。水中有众多暗红色的龟,它们和一般的龟有所不同,而是长着鸟一样的头和蛇一样的尾巴,其叫声像劈开木头时发出的响声,佩带上它就能使人的耳朵不聋,还可以治愈脚底老茧,人们称之为旋龟。

传说,在大禹治水时,应龙在前面用尾巴划地,指引禹沿着它所划的地方开凿水道,将洪水引入大海;而旋龟则背上驮着息壤,跟在禹身后,以便禹能随时把一小块一小块的息壤取来投向大地。息壤落到地面后迅速生长,很快把洪水填平了。可见旋龟也是禹治水时的重要角色。

其实,旋龟是真实存在的。它就是鹰嘴龟。

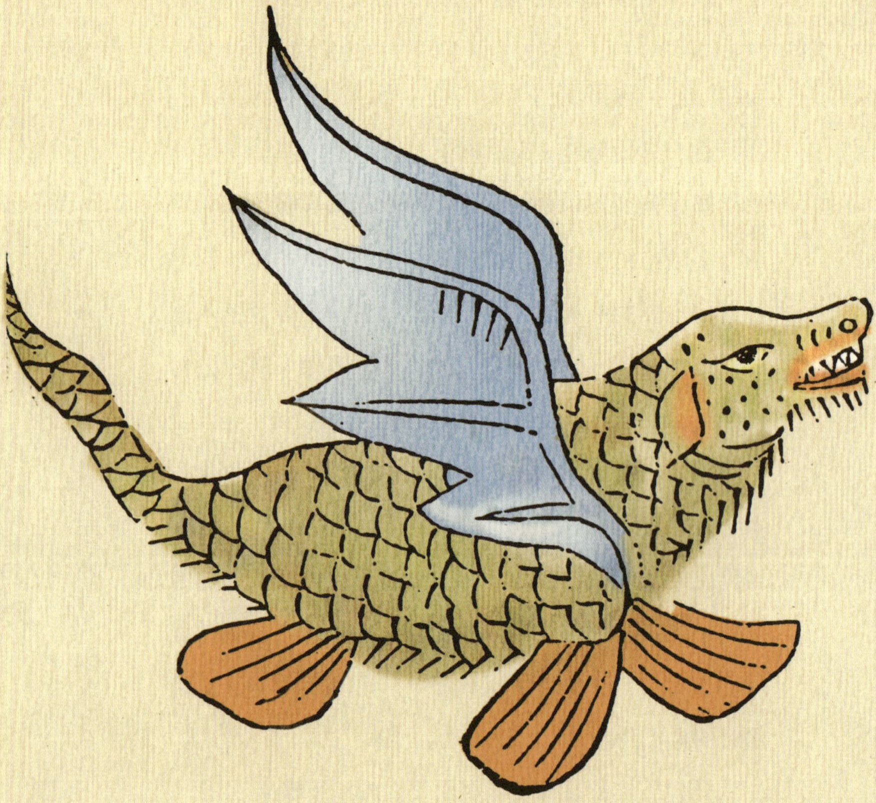

鲑鱼

状如牛陵，居蛇尾，有翼，
其羽在鲑（音 xié）下。出柢山。

出自《山海经·南山经》。

柢（音 dǐ）山的山间多水流，没有花草树木。鲑（音 lù）鱼生活在这里。

鲑鱼形状像牛，鸣叫的声音也像牛。它栖息在山坡上，长着蛇一样的尾巴并且有翅膀，翅膀长在两边。冬天冬眠，夏天复苏。传说鲑鱼肉能治疗痈肿类的疾病。

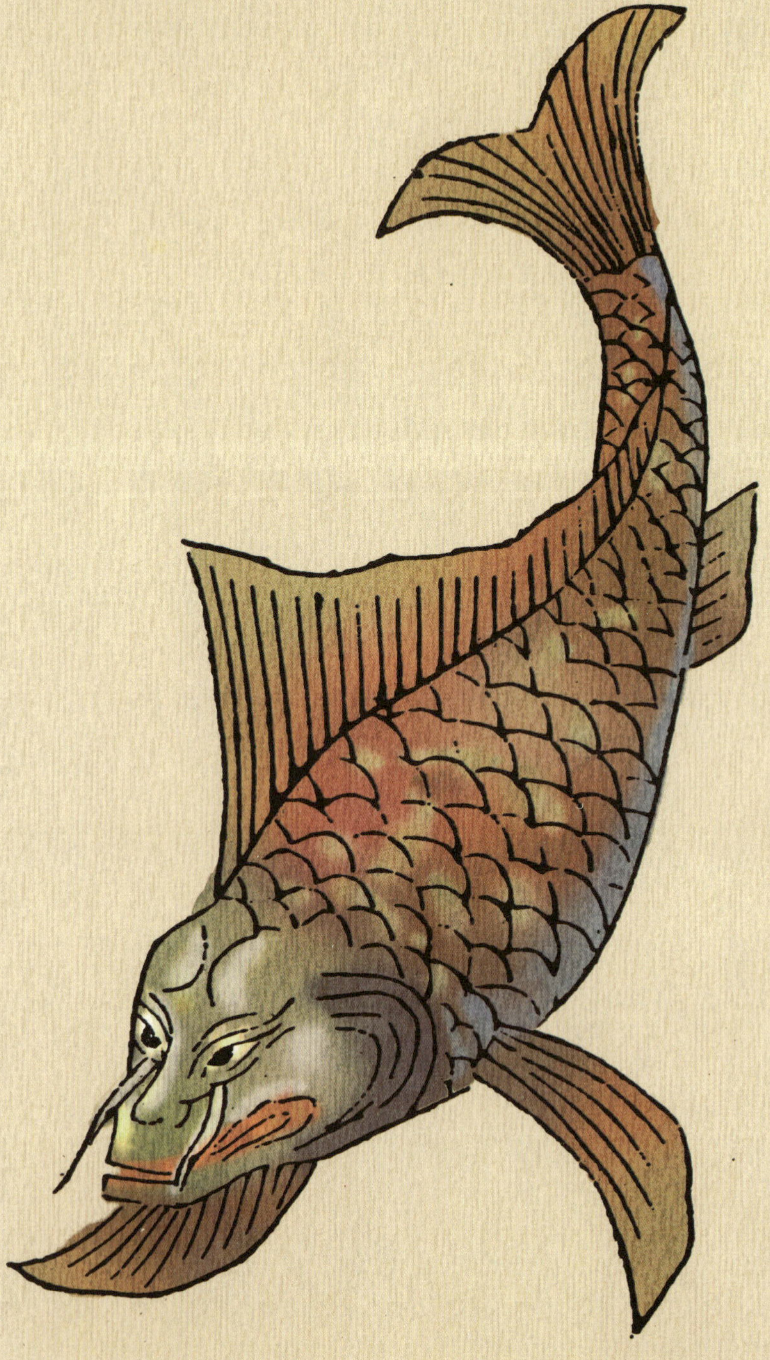

赤鱬

状如鱼而人面,出英水。

出自《山海经·南山经》。

英水中有很多赤鱬(音 rú),形状像普通的鱼却有一副人的面孔,发出的声音如同鸳鸯鸟在叫。据说它的肉能治疗疥疮。

赤鱬属人鱼类,多有两种形象:一种是人面鱼身;一种是鱼形,但非人面。

郭璞《山海经图赞》中记载:"赤鱬之物,鱼身人头。"

据考证,赤鱬学名"深海鲑鱼",人们曾在日本海发现类似赤鱬的海鱼标本。

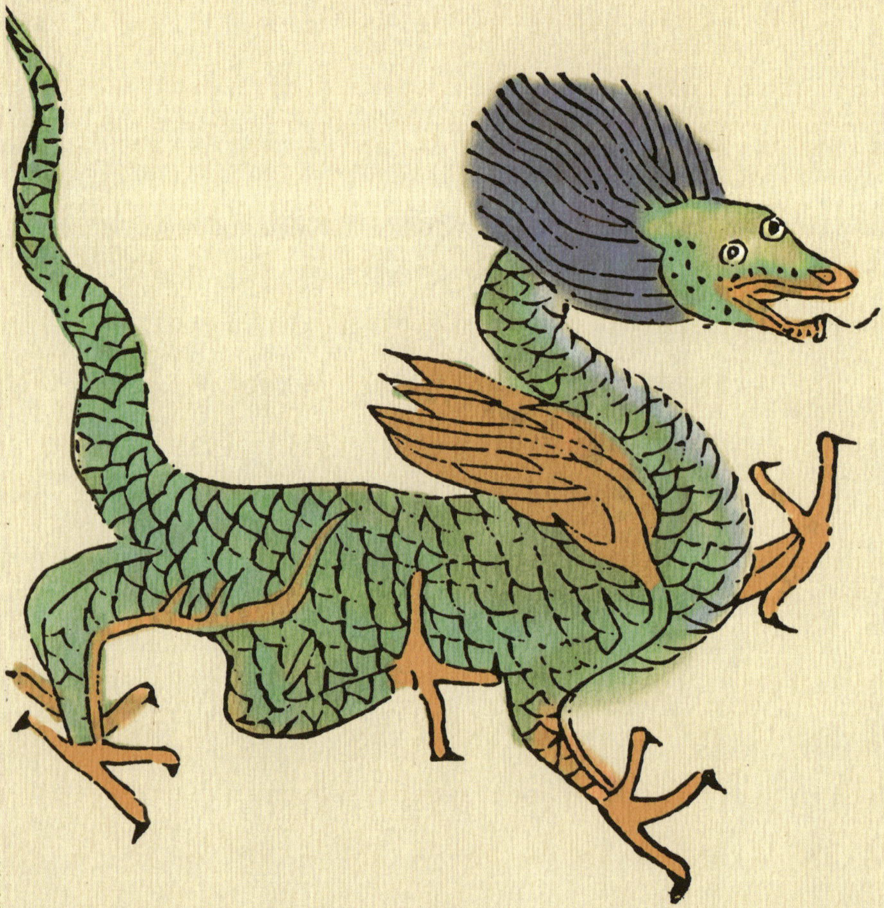

肥䗃

蛇形、六足、四翼，见则大旱。出太华山。

出自《山海经·西山经》。

太华山高五千仞，宽十里；山崖陡峭，山壁像刀削一样，呈现四方形，禽鸟野兽无法栖身。山中有一种蛇，名称是肥䗃（音wèi），长着六只脚和四只翅膀，一出现就会天下大旱。

明代朱国桢《涌幢小品》记载："万历丙戌（1586）年，建昌（今江西永修县）乡民樵于山，逢一巨蛇，头端一角，六足如鸡距，见人不噬亦不惊。民因呼群往视，亦不敢伤。徐徐入深林去。"

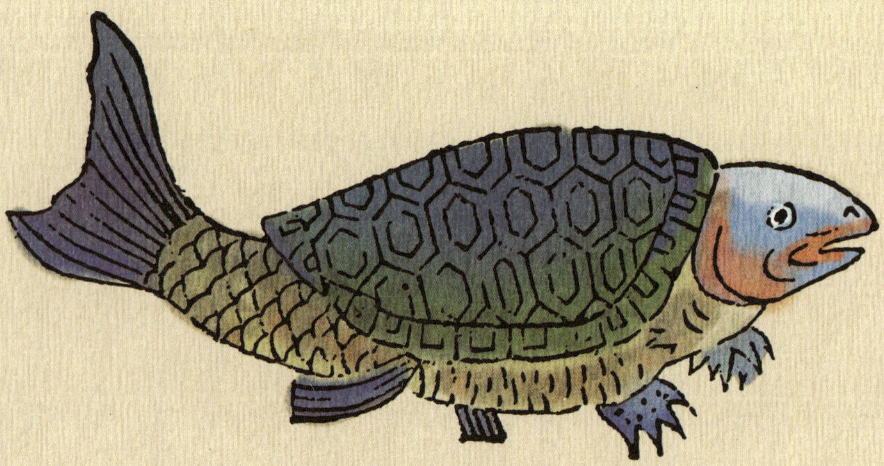

鲜鱼

其状如鳖,其音如羊,出禺水。

出自《山海经·西山经》。

禺水中有很多鲜(音 bàng)鱼,形状像鳖,但发出的声音如同羊叫。

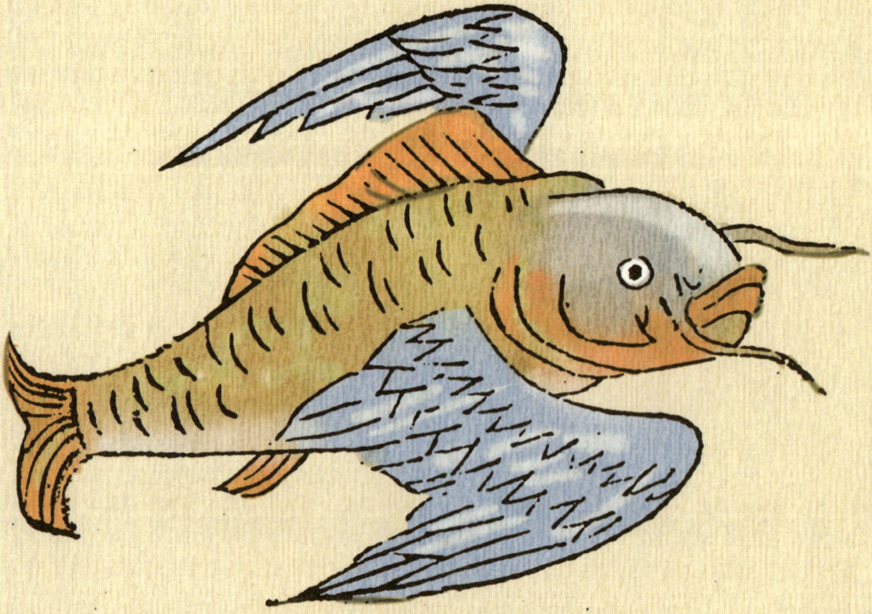

文鳐鱼

状如鲤鱼,鸟翼、苍文、白首、赤喙,
常从西海飞游东海,出观水。

出自《山海经·西山经》。

文鳐(音 yáo)鱼,长着鱼的身体,鸟的翅膀,浑身布满苍色的花纹。头是白色的,嘴是红色的。这种鱼常在西海飞行,在东海里游动,在夜晚飞行。它叫的声音像鸾鸡,肉味酸甜,食用可以治癫狂病。人们看到它就意味着天下五谷丰登。

文鳐鱼,现又名燕鳐鱼,分布于我国黄海、东海和南海,可以做中药,主治难产、胃痛、血痢腹痛、疝痛、乳疮、痔疮,具有催产、止痛、解毒消肿的功效。

- 242 -

鳙鱼（西山经）

如蛇，四足，出桃水。

出自《山海经·西山经》。

乐游山在昆仑丘向西三百七十里的地方。乐游山中一条有名的河流，名为桃水。桃水从乐游山中发源，向西流出，流入稷泽。稷泽中沉淀着许多白色的玉石，其中还生活着一种鱼，数量非常之多，名叫鳙（音huá）鱼。鳙鱼的样子和蛇很相似，但是长着四只脚，以鱼为食。

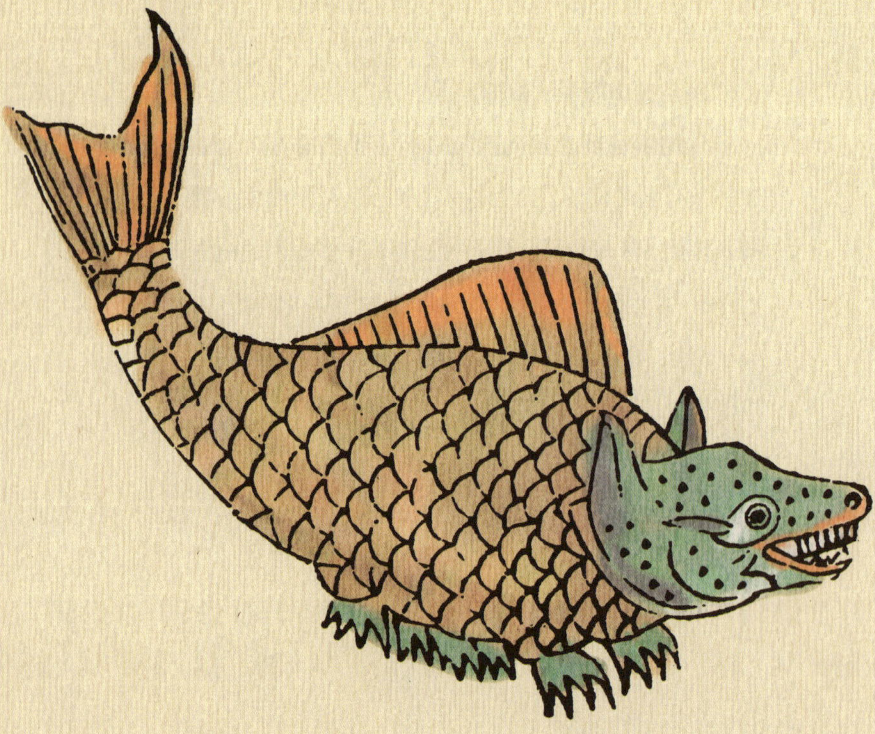

冉遗鱼

鱼身、蛇首、六足,目如马耳,出㴸水。

出自《山海经·西山经》。

㴸水从英鞮山发源,然后向北流入陵羊泽。

㴸水里有种鱼身、蛇头、六只脚的冉遗鱼,眼睛形状像马耳朵。相传人吃了它的肉睡觉就不会做噩梦,因为这种鱼的肉可以辟凶邪之气。

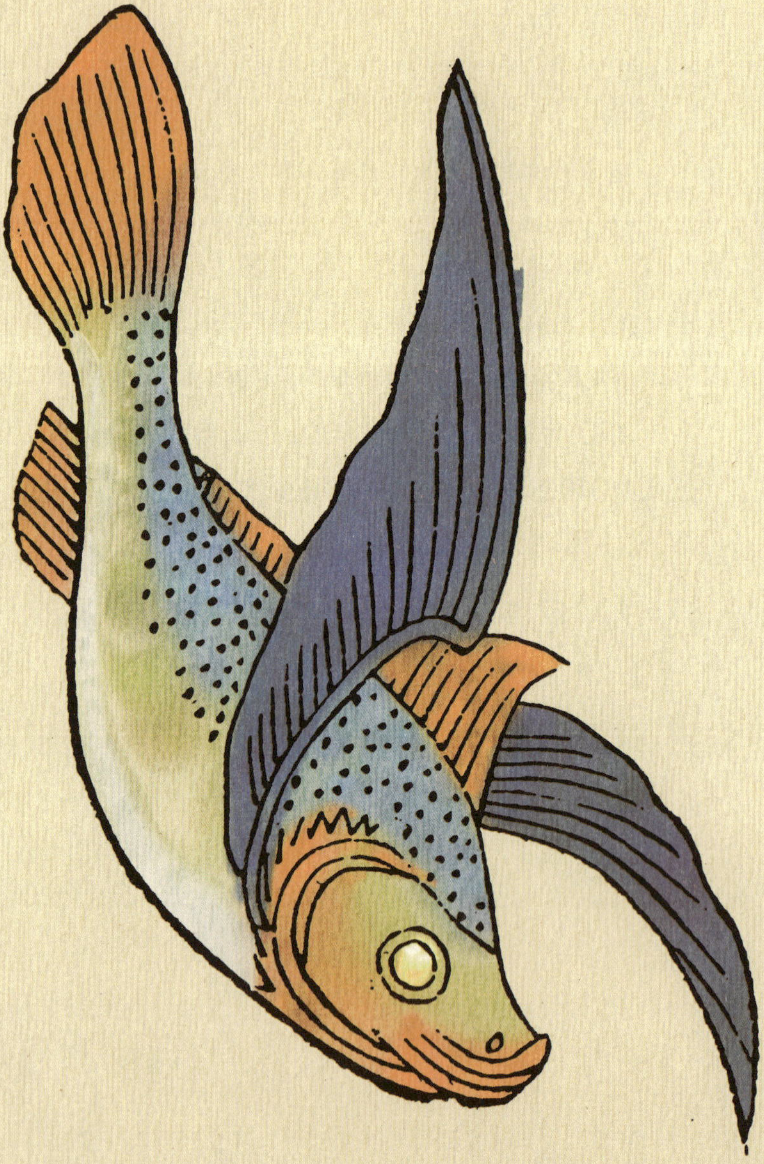

嬴鱼

鱼身鸟翼,见则大水。出蒙水。

出自《山海经·西山经》。

蒙水从邽(音 guī)山发源,向南流入洋水,水中有很多黄贝,还栖息着一种叫做嬴(音 luǒ)的鱼类。这种鱼类长着鱼的身子却有鸟的翅膀,发出的声音像鸳鸯鸟鸣叫,嬴鱼出现的地方会发生水灾。

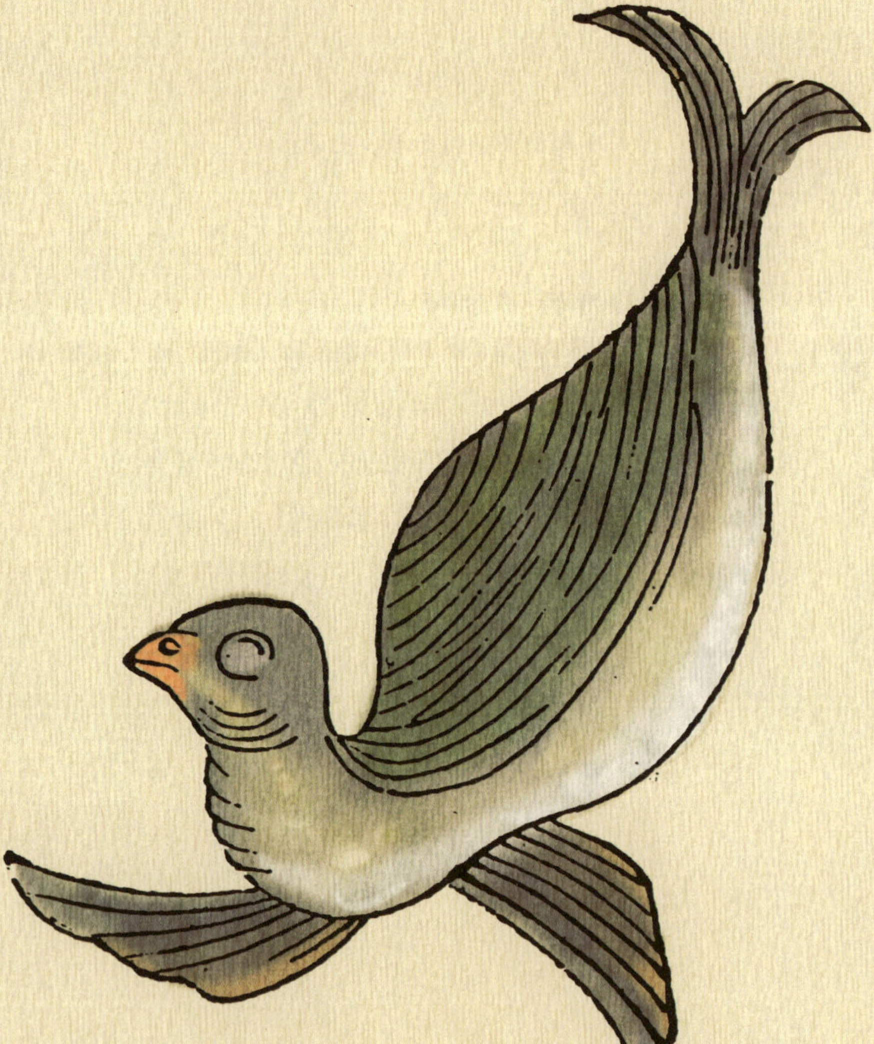

絮魮鱼

状如覆铫，鸟首而鱼翼鱼尾，音如磬石之声，是生珠玉。出滥水。

出自《山海经·西山经》。

滥水中有很多絮魮（音 rú pí）鱼，形状像个扣着的水铫（音 diào），游动的姿态似鸟，有鱼鳍和鱼尾，能发出敲打磬石的声音。每当发出叫声时，就有宝珠和美玉从它身上掉下来，可称之为鱼中珍宝。

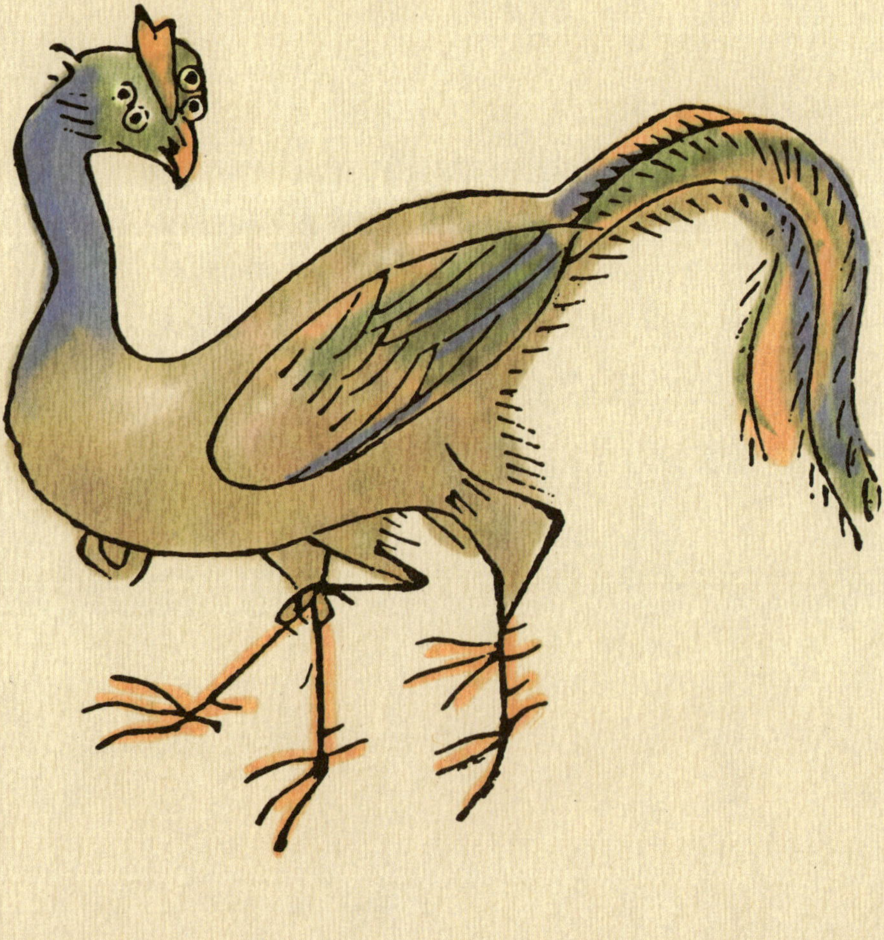

儵鱼

状如鸡,赤毛、三尾、六足、四目,
食之已忧,出彭水。

出自《山海经·北山经》。

彭水中有很多儵(音 shū)鱼,外形像鸡,通身覆盖着红色的羽毛,还长着三条尾巴、六只脚、四只眼睛,它的叫声好像喜鹊的鸣叫。相传吃了它的肉就能使人忘记忧愁。

白鲦鱼和儵鱼很相似,是北方水域中最为常见的、数量也最为庞大的鱼类。

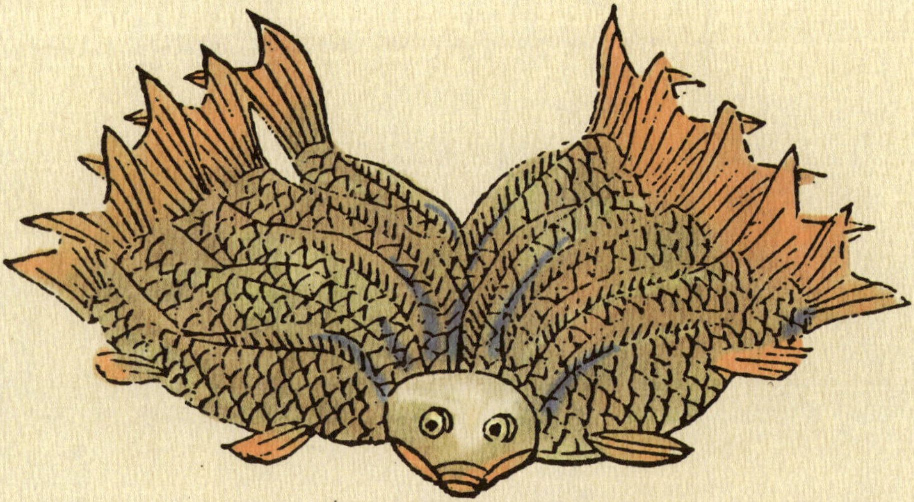

何罗鱼

一首十身,食之已痈,出谯水。

出自《山海经·北山经》。

谯水中生长着很多何罗鱼,这种鱼长着一个脑袋,却有十个身子,发出的声音像狗叫。相传人吃了它的肉就可以治愈痈(音 yōng)肿病。

吴任臣《山海经广注》引《异鱼图赞》云:"何罗之鱼,十身一首;化而为鸟,其名休旧;窃糈于春,伤陨在臼;夜飞曳音,闻舂疾走。"袁珂按:"休旧,即鸺鹠,亦即鸱鸺。云窃糈受伤,'夜飞曳音',又仿佛同于姑获鸟。"

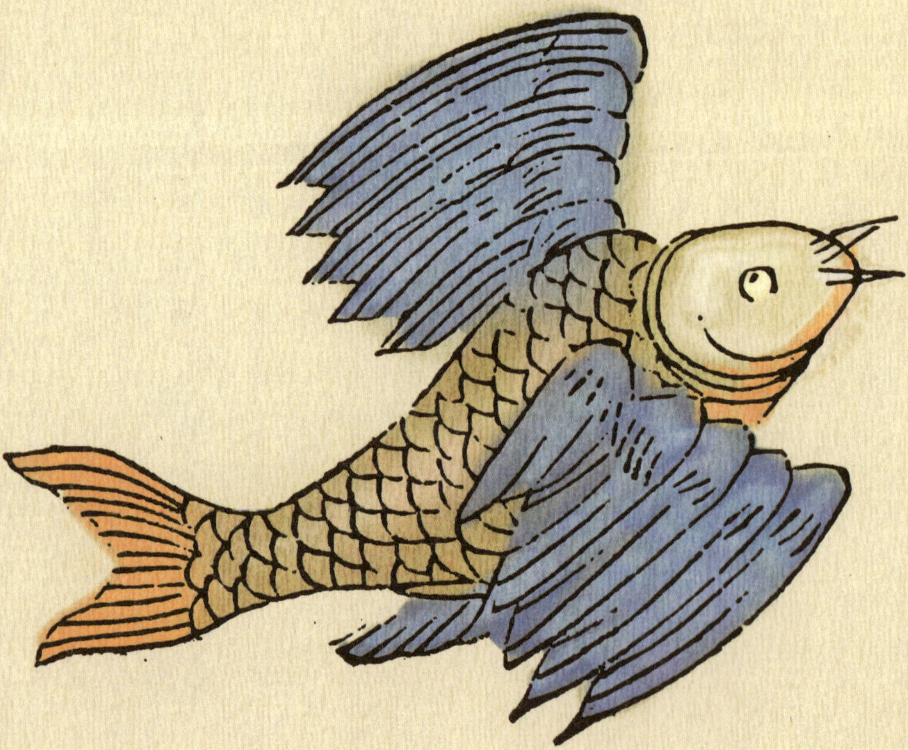

鳛鳛鱼

状如鹊而十翼,鳞皆在羽端,御火治疗,出嚣水。

出自《山海经·北山经》。

嚣水中有许多鳛鳛(音 xí)鱼,外形和叫声都像喜鹊,有十只翅膀,鱼鳞均在翅膀前端。相传人们饲养这种鱼可以用来防火,食用鱼肉则可以治黄疸病。

《遵义府志·水道》记载:"其鳛部水,即今之高洞河,此河自高洞以下,土人皆名鳛水。此水产鳛鱼,为它水所无,故于古地名鳛部,其水即名鳛部水。"

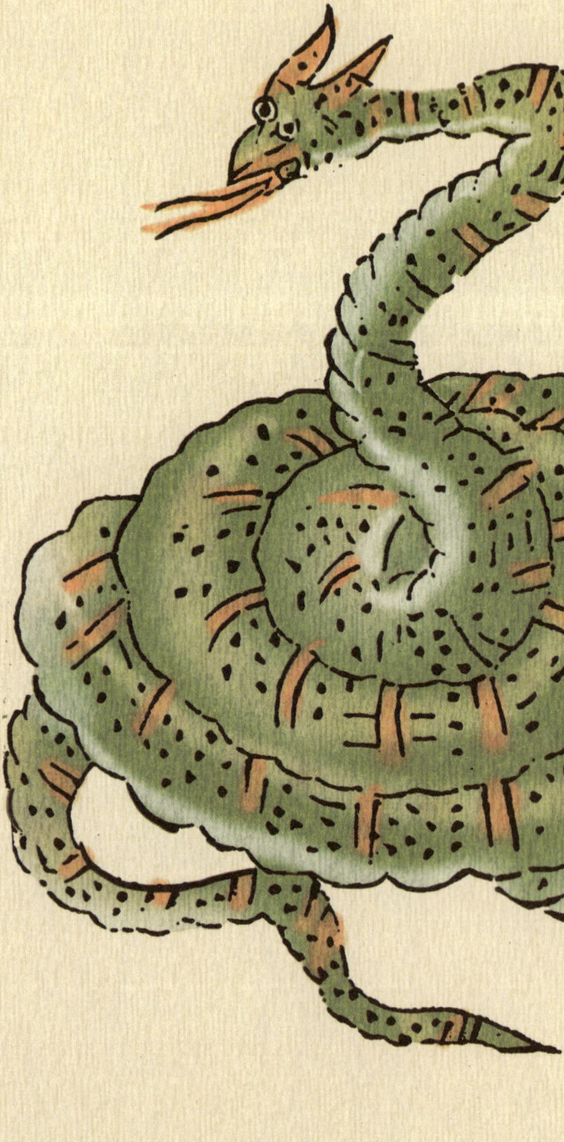

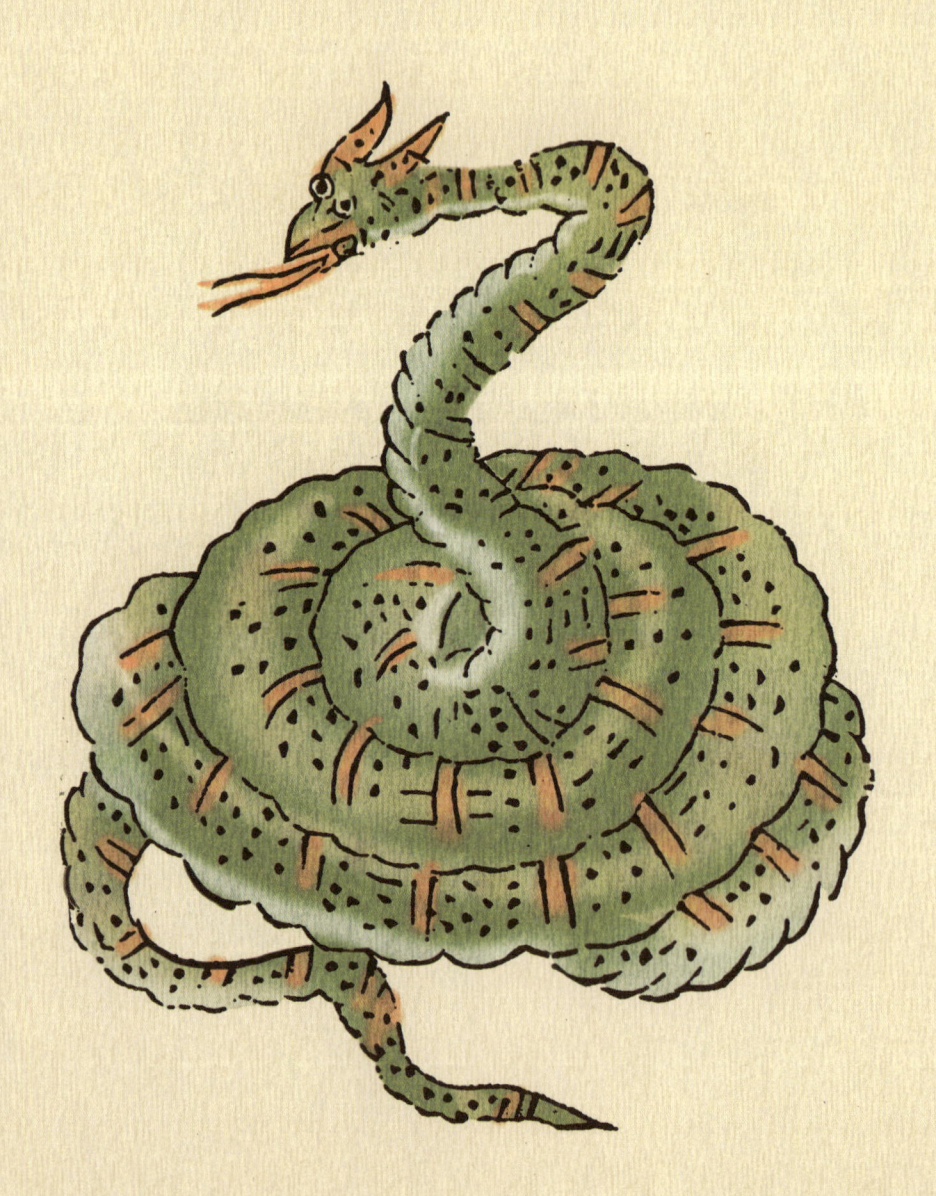

长蛇

长百寻，其如彘豪，音如鼓柝，出大咸山。

出自《山海经·北山经》。

大咸山的长蛇，身上长着像猪毛般的毛发，它鸣叫的声音听起来像敲击大鼓、木柝一类乐器。这种蟒蛇体长约十米，捕食小型哺乳动物和鸟类。

与它形象相似的蛇妖，有据说能吞象的巴蛇，和被后羿杀死的修蛇这两种蛇类。

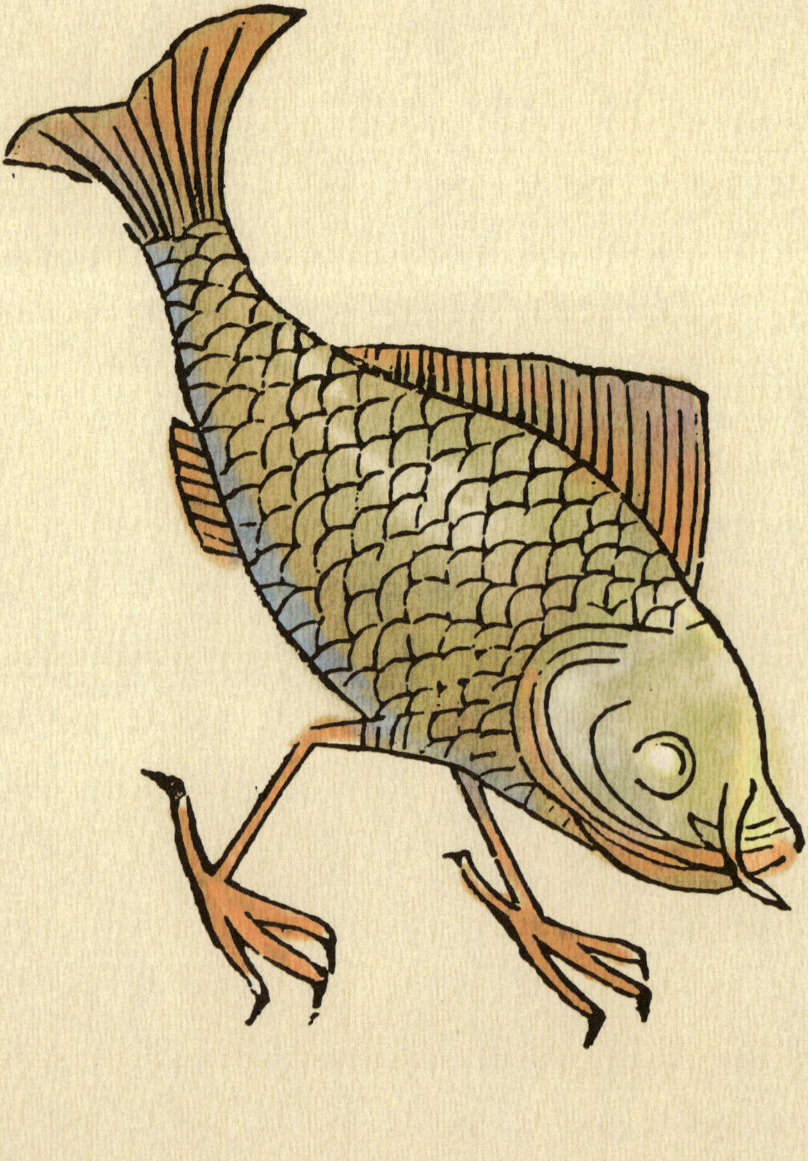

鰩鱼

状如鲤而鸡足。出怀泽之水。

出自《山海经·北山经》。

狱法山的怀泽水域,有一种长着鸡脚的鰩(音 zǎo)鱼,样子像鲤鱼。相传吃了这种鱼的肉可以治疗赘瘤病。

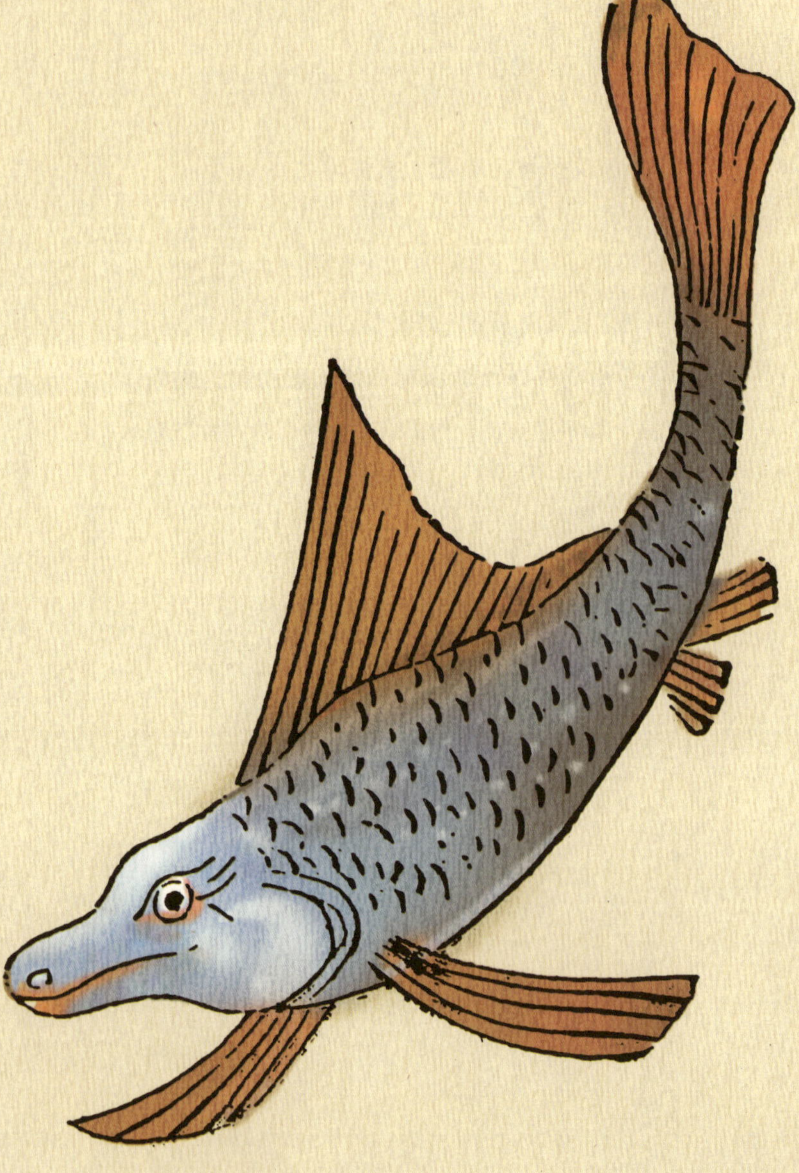

鮨鱼

鱼身犬首,音如婴儿,食之已狂。出诸怀水。

出自《山海经·北山经》。

诸怀水从北岳山发源,水中有一种生物很奇怪,叫鮨(音 yì)鱼。它是一种非狗非鱼的怪鱼,鱼身鱼尾,却是狗头,叫声像婴儿一般。据说吃了它的肉可以治惊风癫狂病。

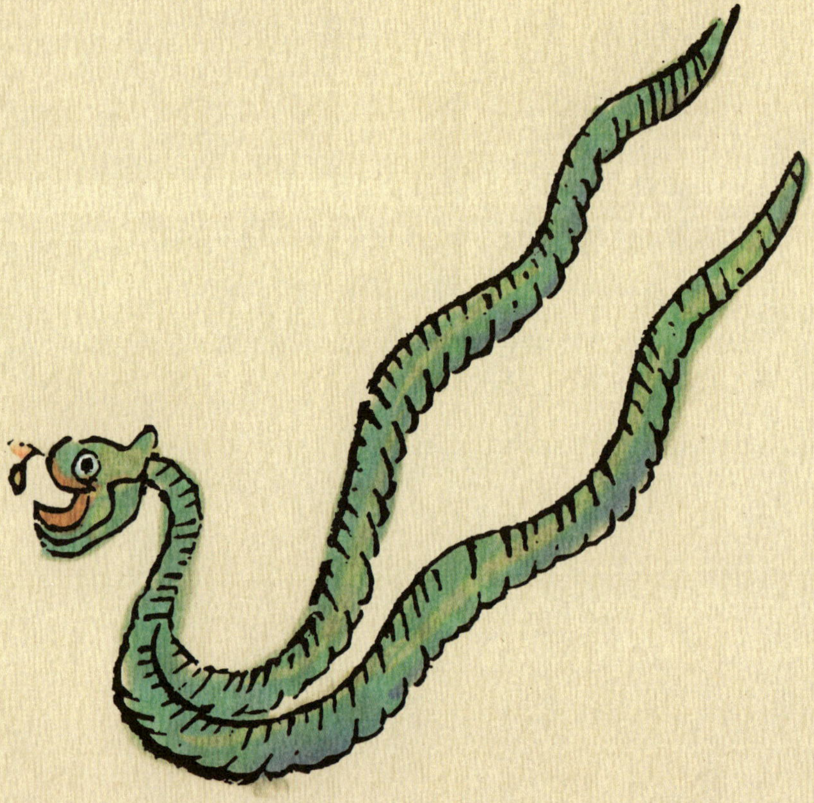

肥遗

一首两身,见则大旱。出浑夕。

出自《山海经·北山经》。

浑夕山盛产铜和玉石,山上没有植物。嚣(音xiāo)水从这座山发源,然后向西北流入大海。浑夕山的异兽肥遗,长有一个脑袋,两个身子。

中国古代神话传说中,肥遗是能够带来旱灾的灾难之兽。相传它出现在哪里,哪里就会大旱。

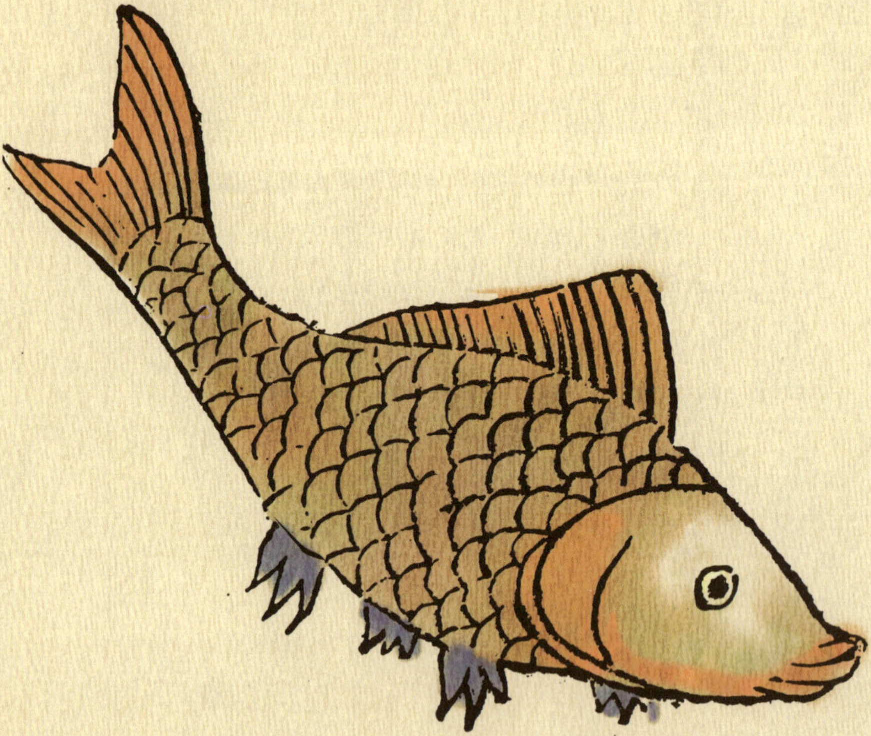

人鱼

状如鯑鱼，四足，音如婴儿，食之疗痴。
出决决之水。

出自《山海经·北山经》。

决决之水发源于龙侯山，水中栖息着很多人鱼。这种鱼长得像大鲵鱼，有四肢可以爬上岸，叫声仿佛婴儿啼哭。相传食用它的肉可以治疗痴呆症。

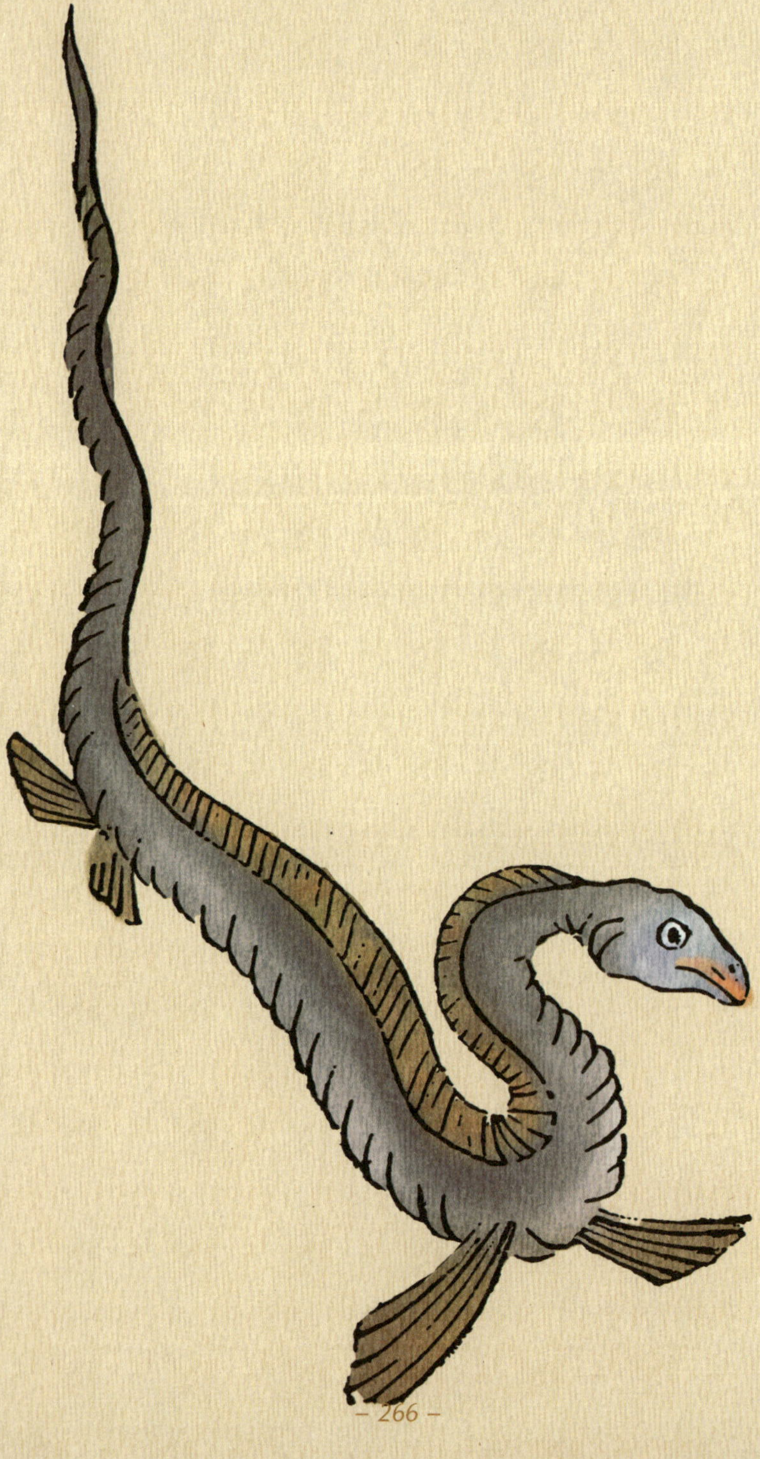

鯈鱅

状如黄蛇,鱼翼,见则大旱。出末涂之水。

出自《山海经·东山经》。

末涂之水中栖息着许多鯈鱅(音 tiáo yóng)。鯈鱅的外形和黄蛇相似,但背部和腹下长着和鱼一样的鳍。每当这种鱼从水中跃起,鳞片都会闪闪发光。

鯈鱅是厄兽,它出现在哪里,哪里就会发生旱灾。

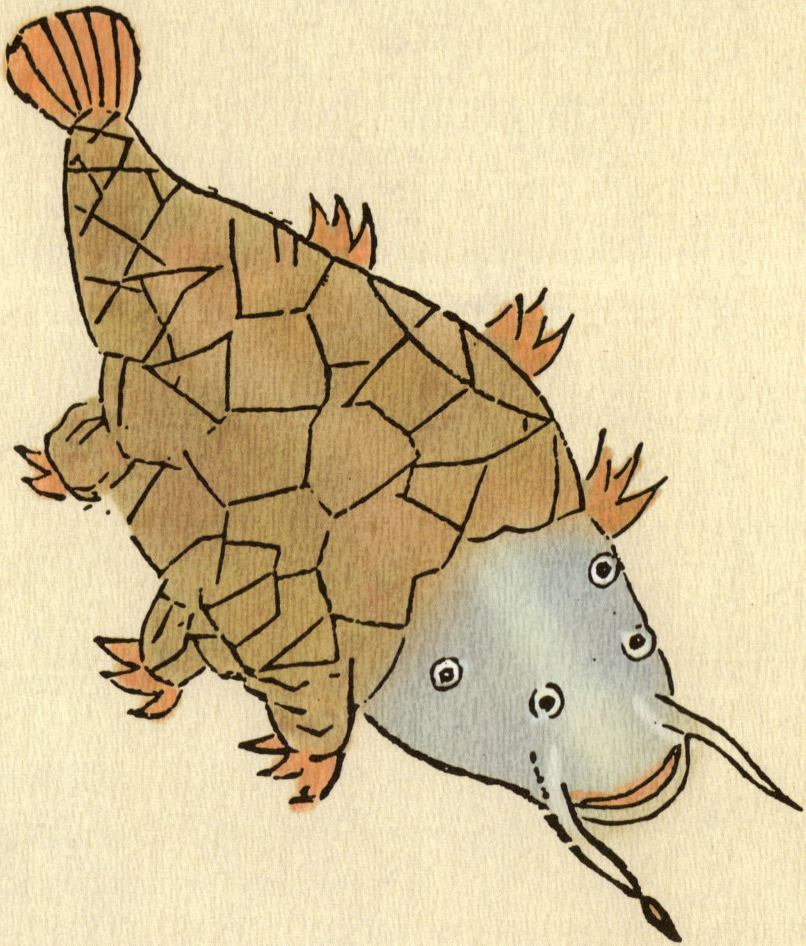

珠䗪鱼

其状如肺，六足四目有珠。出澧水。

出自《山海经·东山经》。

澧水发源于葛山，并向东流入余泽。澧水和余泽中有很多珠䗪（音 biē）鱼，它外形像动物的肺，长有四只眼睛，六只脚，能孕育珍珠。这种珠䗪鱼的肉味道酸中带甜，据说人吃了它的肉就不会染上瘟疫之类的疾病。

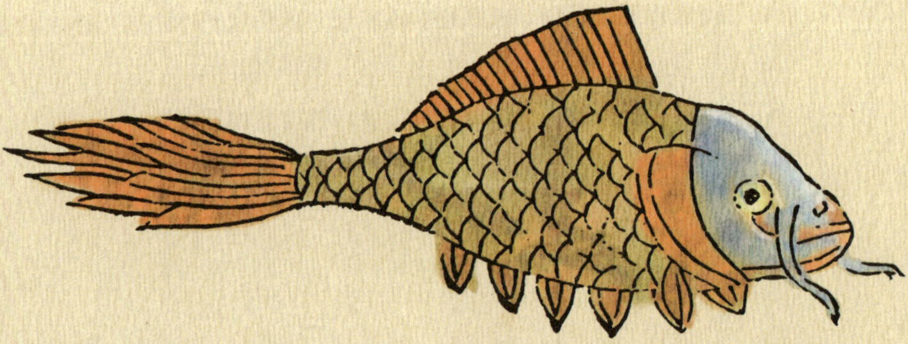

鲐鲐鱼

状如鲤,六足鸟尾。出深泽。

出自《山海经·东山经》。

跂踵山的深泽中,生长着一种鲐鲐(音 gé)鱼,外形酷似鲤鱼,却长着六只脚,有鸟一样的尾巴。其鸣叫声仿佛在呼唤自己的名字。

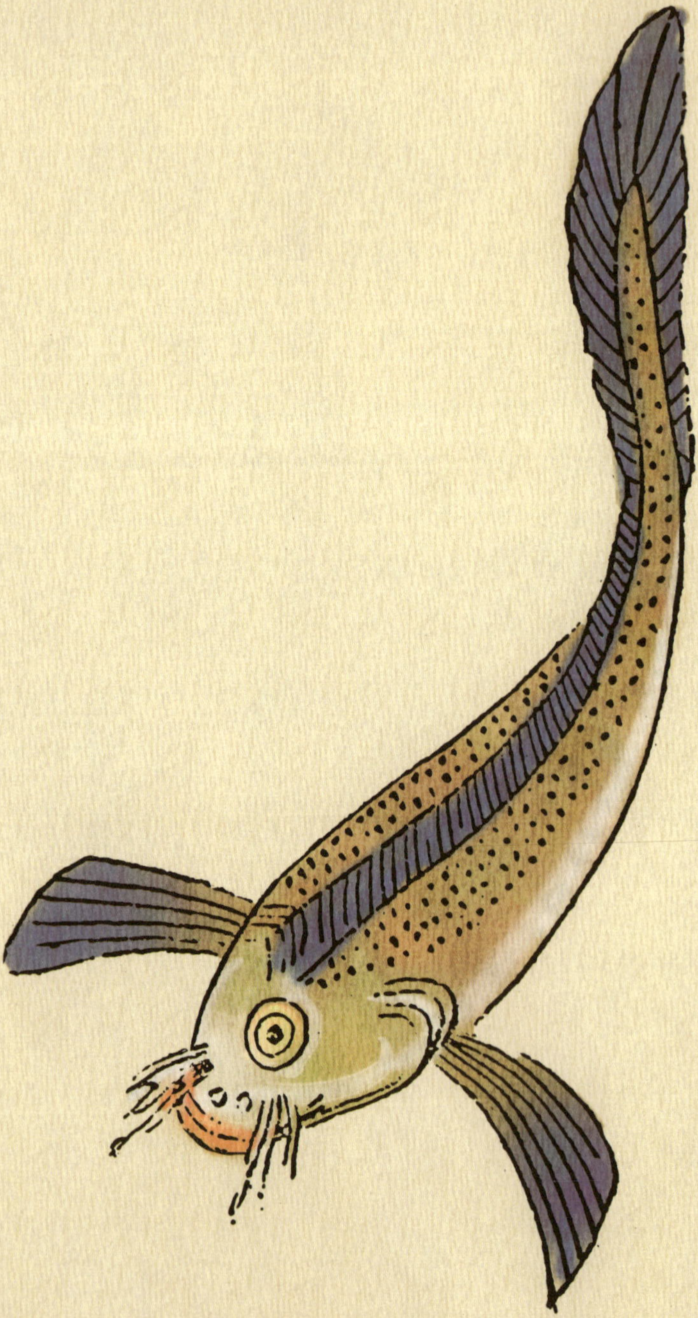

薄鱼

状如鳝鱼,一目,见则大旱。出膏水。

出自《山海经·东山经》。

女烝山上光秃秃的,不生长植物,但石膏水发源于这座山。水中出产一种薄鱼,长得像鳝鱼,但只有一只眼睛,叫声像人在呕吐。相传当它一出现,世间就面临干旱。

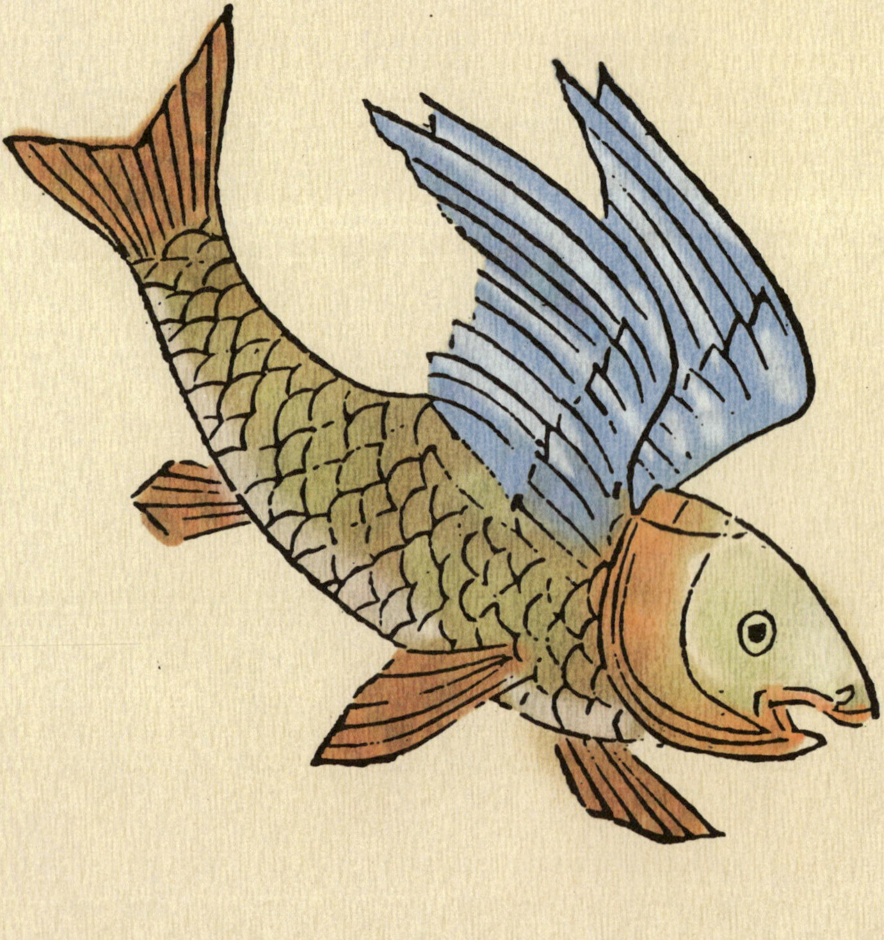

鳊鱼（东山经）

状如鱼而鸟翼，见则大旱。出子桐水。

出自《山海经·东山经》。

子桐水从子桐山流出，向西汇入余如泽。子桐水中有很多鳊（音 huá）鱼栖息。这种鱼有鱼的躯干，却长着鸟的翅膀，在水中游动时，鳞片泛有光芒。它发出的声音像鸳鸯一样，相传它一出现就会天下大旱。

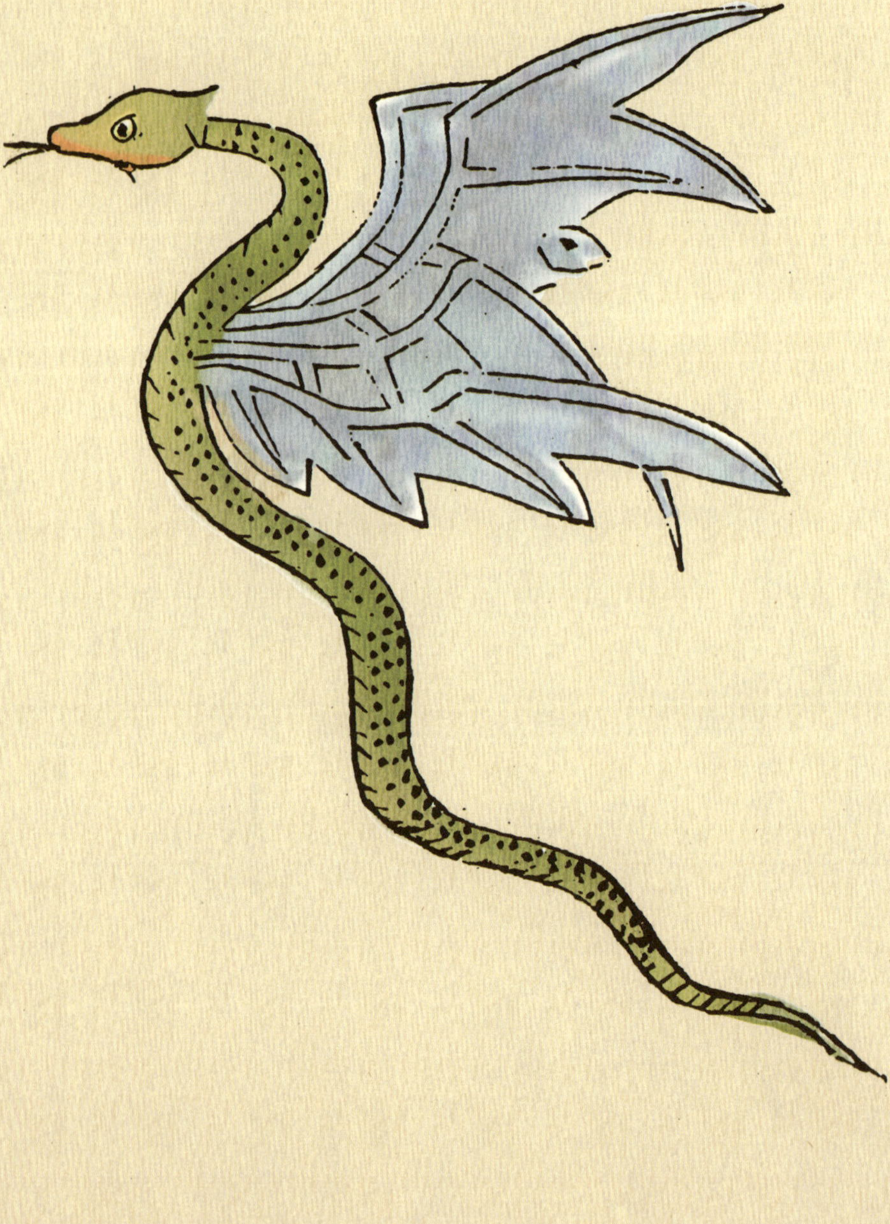

鸣蛇

如蛇而四翼,其音如磬,见则大旱。出鲜山。

出自《山海经·中山经》。

鲜山多产金矿和玉矿,这里鲜有植物生长。鲜水发源于这座山,往北流,注入伊水。

鲜水中栖息着大量鸣蛇,鸣蛇的躯干像普通的蛇类,却长着两对翅膀。它的声音有如钟磬一样响亮。哪个地方出现鸣蛇,哪个地方就会有旱灾。

- 278 -

化蛇

人面豺身，鸟翼蛇行，见则大水。出阳水。

出自《山海经·中山经》。

化蛇产自阳水，是传说中的一种水兽。这是种长着一张人脸，躯干像豺，背部生有双翼，像蛇一样盘行蠕动行走的怪物。它的叫声如同婴儿大声啼哭，又像是女人高声叫骂。化蛇很少鸣叫，一旦高声吼叫，就会招来滔天洪水。

据说，春秋时期，有一个农夫在魏国大梁城附近听见婴儿啼哭，四处寻找后，却发现是一个蛇形妖怪在叫。三天后，黄河果然泛滥，淹没了沿途八百五十多个城镇乡村，造成了不小的伤亡。

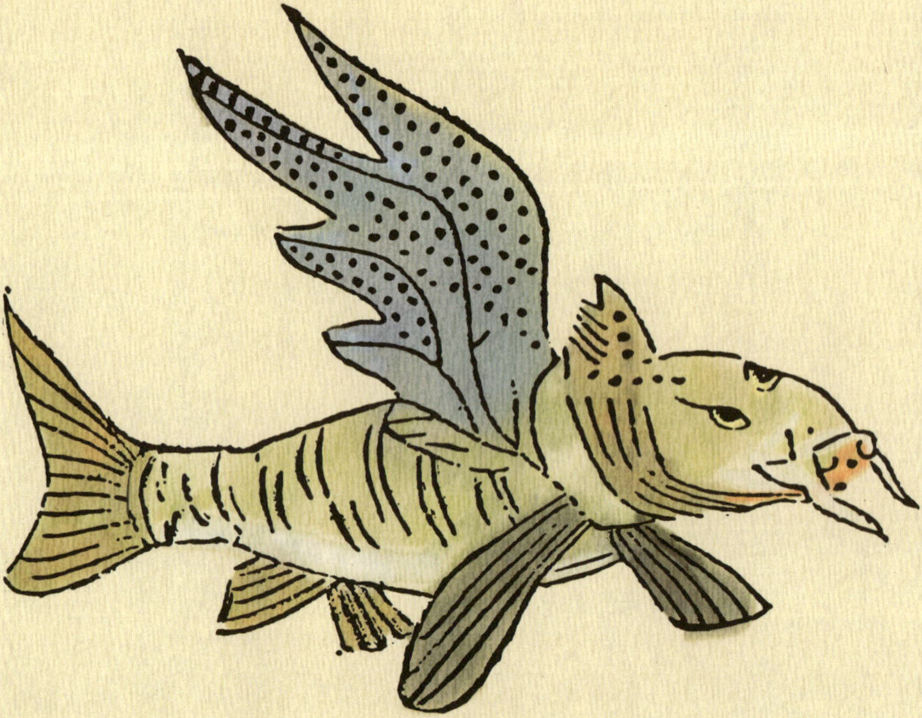

飞鱼

状如豚而赤文，服之不畏雷，
可御兵，出正回水。

出自《山海经·中山经》。

正回水从騩（音 guī）山流出，向北汇入于河，正回水和于河中多产飞鱼。飞鱼和文鳐鱼一样能够飞行。飞鱼的外形像猪，却浑身布满了红色斑纹。

据说胆小的人吃了飞鱼的肉，就不会惧怕打雷的声音，还可以避免兵刃之灾。

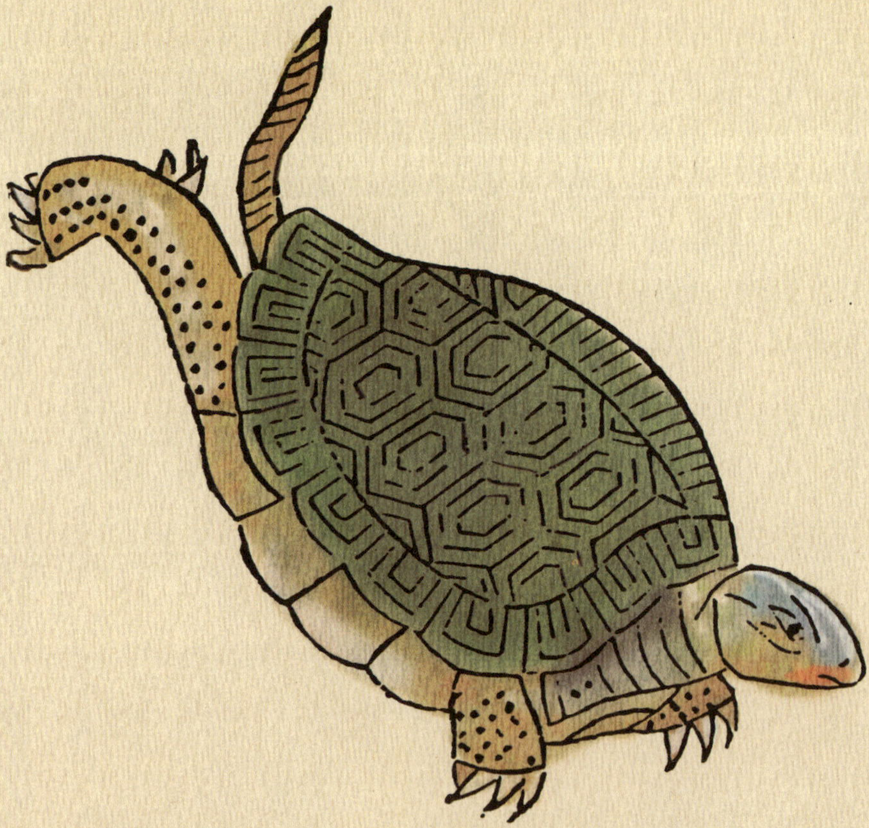

三足龟

出狂水,食之可消肿。

出自《山海经·中山经》。

狂水中栖息着一种三足龟,这种乌龟有两只前爪和一只后爪。据说普通人吃了它的肉可以强身健体,受伤的人食用它的肉可以清淤消肿。

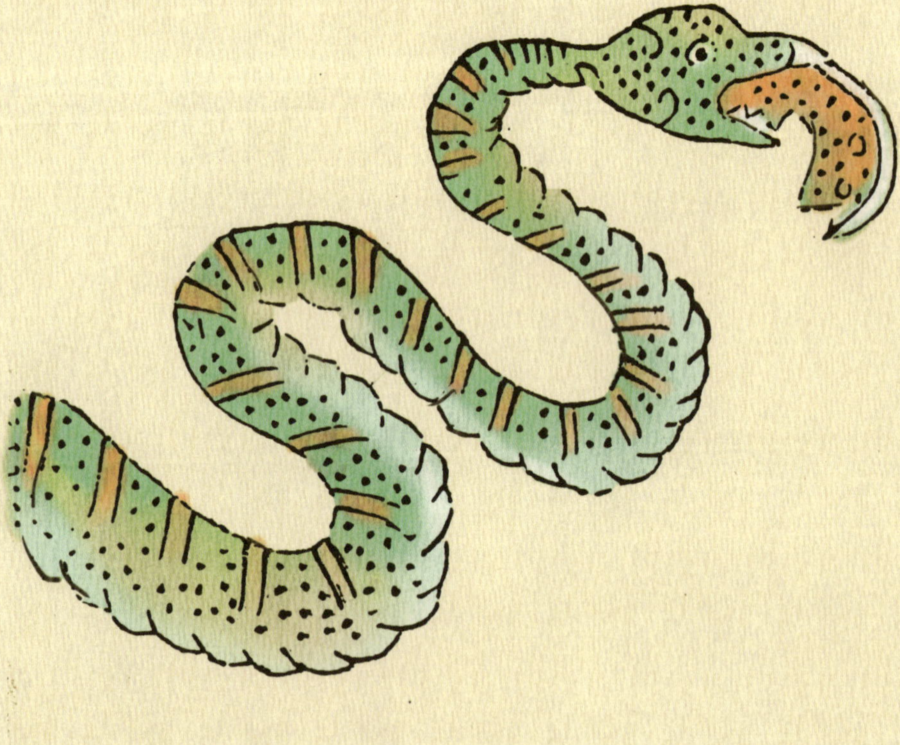

巴蛇

长千寻,食象,三岁而出其骨。出巴山。

出自《山海经·海内南经》。

巴蛇一般指修蛇,中国古代神话传说中的巨蛇。巴蛇会吞吃路过身边的一切动物,据说它曾经生吞了一头巨象,过了三年才把骨架吐出来。

上古时期,巴蛇经常袭击人类,黄帝派射手大羿斩杀巴蛇。大羿射中了巴蛇后,巴蛇负伤而逃,一直跑到遥远的西方,大羿一路追杀,并将它砍成两截。传说巴蛇的尸体变成了一座山丘,现称为巴陵(今湖南省岳阳)。

屈原在《楚辞·天问》中问道:"一蛇吞象,厥大何如?"这里的蛇就是指巴蛇。

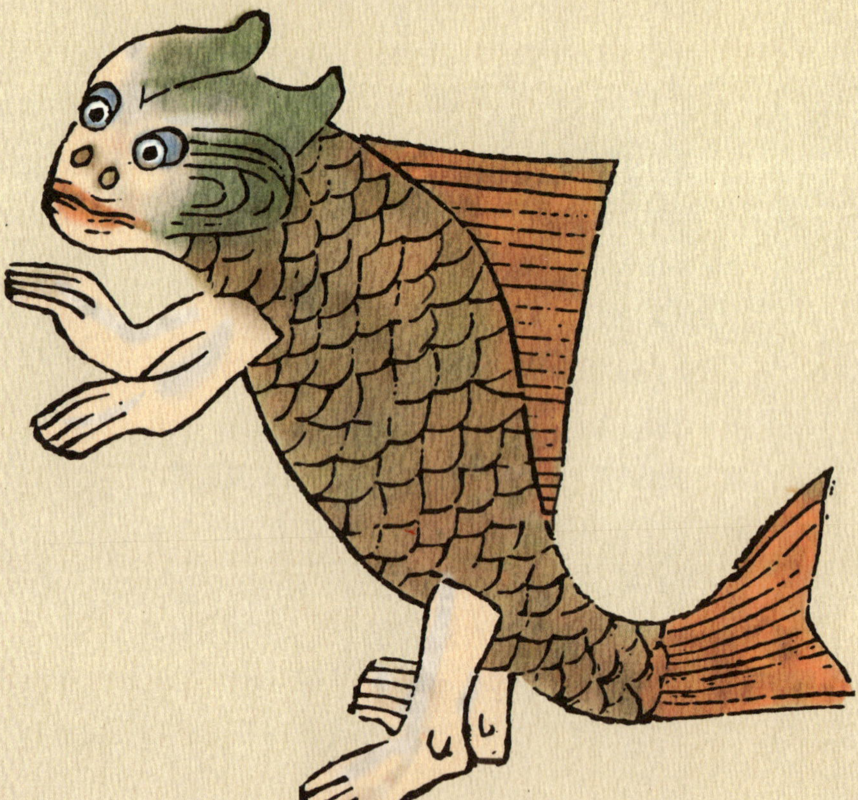

陵鱼

人面，手足，鱼身，在海中。

出自《山海经·海内北经》。

陵鱼有鱼类的身体，却长着人脸，手脚俱全，啼声像小孩子哭叫。这种鱼是中国古代神话传说中的一种怪物，大部分是半人半鱼的姿态，栖息在海中。有的古书把它称作鲛人，有的说其实就是人鱼。

《洽闻记》说："人鱼看起来像人类，面貌手足都跟美女一样，皮肤如白玉，发长五六尺，如马尾。"

《徂异记》中记载："待制查道出使高丽，晚上船泊在一山边，望见沙滩上有一妇人，穿着红裙子，袒露两臂，肘下有鬣。船夫不知道是什么。查道曰：'是人鱼也。'"

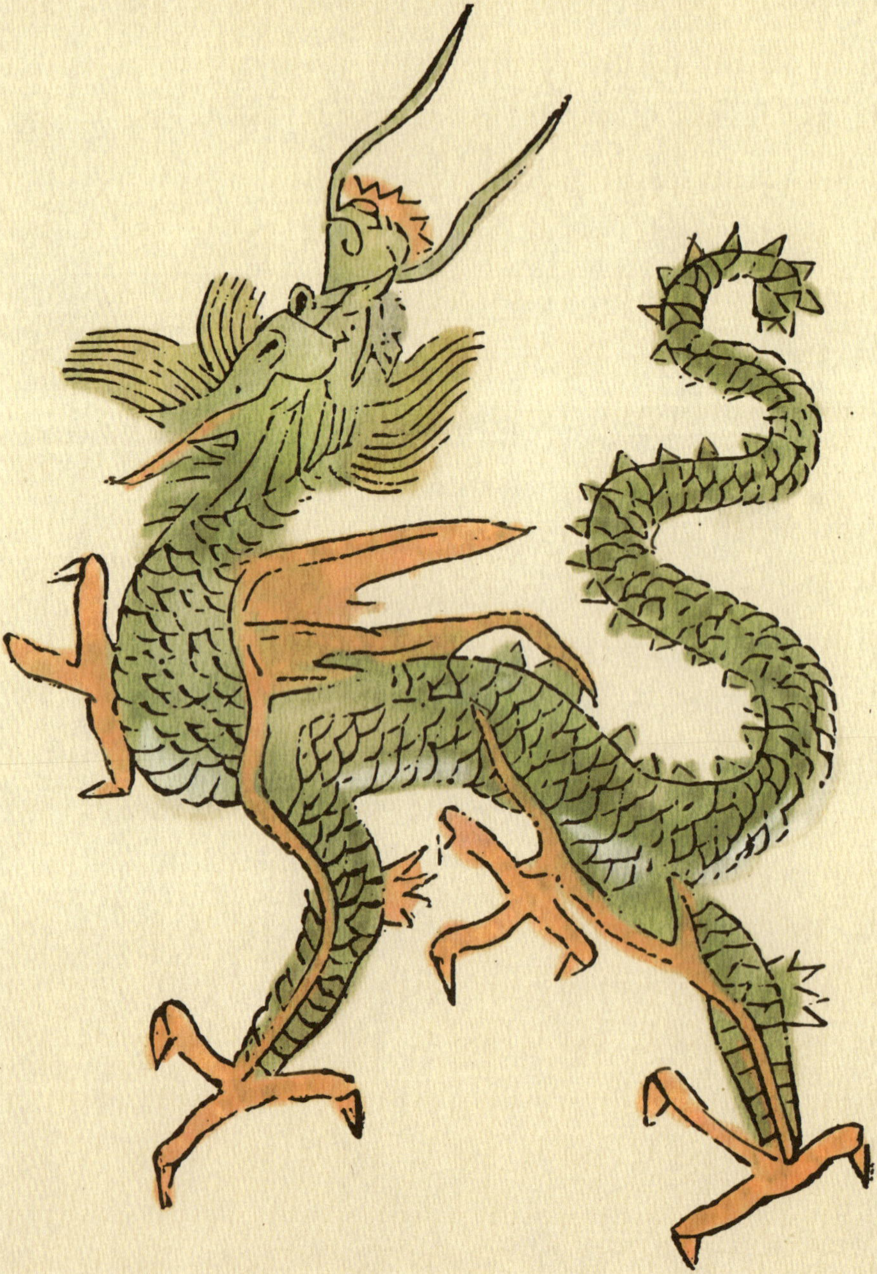

应龙

龙身有翼，处南极。

出自《山海经·大荒东经》。

应龙又叫飞龙或黄龙，是古代中国神话传说中一种有翼的龙。应龙曾经帮助黄帝斩杀了蚩尤和夸父，由于战争耗尽了神力，再也无法振翅飞回天庭，就蛰居在南方的山泽里。后来，大禹治水时，它用尾画地成江，帮助禹擒获了水怪无支祁，立下了大功。

有两类动物可以化身为应龙，一种是毛犊和羽嘉所生的动物，如凤凰、麒麟；另一种是修炼了一千五百年的龙：龙修炼五百年为角龙，角龙修炼千年为应龙。